Alle vereint
PUNKT
OK?
Spieglein, Spieglein
SORRY!
BANK ANRUFEN
LOVE U!
RUHIG BLEIBEN!
nicht heute Abend
ME TOO
bla bla bla
#ME TOO
you

Lauraine Meyer

Feminists in Progress

Ein Comic-Guide für Empowerment, Body Positivity und Vielfalt

Aus dem Französischen von Marion Herbert

CARLSEN COMICS

WIRD GELADEN ...

für Benoîte Groult

Einleitung

Hallo, ich bin Lauraine, 38 Jahre alt, weiß, französischer Abstammung, cisgender[1] und heterosexuell. Und seit vier Jahren bin ich Feministin. Was, erst seit vier Jahren?!

Ja, denn bis dahin sagte ich mir: »Ach, na ja, eigentlich gibt es heute kaum noch Ungleichheiten zwischen Männern und Frauen, es geht uns doch gut!« ... Ich dachte, die vorherigen Generationen hätten schon alles erledigt, um Frauen dieselben Rechte zu geben wie Männern, und damit wäre es nun in Ordnung. Aber das war **VORHER**.

Eines Tages stieß ich zufällig auf das Buch *Ödipus' Schwester* von Benoîte Groult, ein Buch aus den 1970er-Jahren. Ich las es, weil ich gerade nichts anderes hatte und es das einzige Buch auf Französisch war, das ich im Secondhandbuchladen bei mir in der Nähe in Amsterdam finden konnte.

Ich schlug also *Ödipus' Schwester* auf und las: »All jenen, die in der Illusion leben, die Gleichheit wäre erreicht und die Geschichte würde sich nicht wiederholen, möchte ich sagen, dass nichts bedrohter ist als die Rechte der Frauen.« **BÄM!** Schlagartig erkannte ich, dass die Rechte der Frauen tatsächlich **NIEMALS** endgültig erreicht worden waren, und bei der Lektüre wurde mir klar, mit welchen tiefgreifenden Ungerechtigkeiten und Ungleichheiten Frauen im Laufe der Geschichte unterdrückt worden waren. Hey, Moment mal ... Viele dieser Unterdrückungen finden auch heute noch statt!

Das war DIE Erkenntnis.

Von jenem Tag an setzte ich meine »Feminist in Progress«-Brille auf und betrachtete die Welt durch einen neuen Filter, einen Anti-Sexismus-Filter. Denn Feminist*in zu sein, sich Feminist*in zu nennen passiert nicht von einem Tag zum anderen. Es ist ein ganzer Pro-

zess, die Klischees, die Angst und die Vorbehalte zu überwinden, die dieses Wort hervorrufen kann. Denn wenn man sagt: »Ich bin ja kein*e Feminist*in, aber ...«, ist das, als würde man sagen: »Ich bin ja kein*e Rassist*in, aber ...«, nur positiver!
Denn, ja, **FEMINIST*IN ist KEIN SCHIMPFWORT!**

Daraufhin habe ich mich weitergebildet, indem ich noch andere Bücher las und vor allem unheimlich viele Podcasts hörte. Ich diskutierte mit meinen Freund*innen, meiner Familie und meinem Partner, um das Thema genauer unter die Lupe zu nehmen. So begann ich, den ganz gewöhnlichen Sexismus zu erkennen, der sich in die Begegnungen von Männern und Frauen im Alltag einschleicht. In dem Zusammenhang habe ich mich mit vielen Fragen beschäftigt, die mich vorher nicht besonders berührt hatten, wie zum Beispiel mit der Frage des Geschlechts und der Transidentität. Und dann wurde ich Mutter und lernte plötzlich einen ganz neuen Aspekt des Frau-Seins kennen, mit allem, was damit an Aufgaben und mentaler sowie emotionaler Last einhergeht. Es ist sehr mühsam, im Alltag gegen den Sexismus und das Patriarchat zu kämpfen, aber es tut auch unheimlich gut, und vor allem macht es Hoffnung für die künftigen Generationen!

All das weckte in mir also den Wunsch, diese Erkenntnisse zu teilen, sie für alle verständlicher zu machen und anderen zu helfen, sich von Klischees zu befreien und die Welt durch die Linse eines fröhlichen und inklusiven Feminismus zu betrachten, mit einer Prise Humor, Leichtigkeit und ganz viel Schwesterlichkeit!

Also setzt auch ihr eure »Feminist in Progress«-Brille auf!

Viel Spaß beim Lesen!

PS: Die Begriffe »Mann« und »Frau« in diesem Buch sind, wenn nicht anders angemerkt, allgemein im Sinne von cisgender[1] (nicht transgender) Mann und Frau zu verstehen.

[1] cisgender: Adjektiv für eine Person, deren Geschlechtsidentität mit ihrem biologischen Geschlecht übereinstimmt.

the future
is female

Inhaltsverzeichnis

FEMINISMUS

»FEMINISMUS IST
KEIN SCHIMPFWORT.
ES BEDEUTET NICHT,
DASS DU MÄNNER HASST,
ES BEDEUTET NICHT, DASS
DU SONNENGEBRÄUNTE
MÄDCHEN MIT HÜBSCHEN
BEINEN HASST (…).

ES BEDEUTET, DASS DU
AN GLEICHHEIT GLAUBST.«

KATE NASH
Britische Sängerin

Keine Zeit, darüber nach-zudenken.
Das ist Weiberkram!
Interes-siert mich nicht!

WIR ALLE HABEN EINE MENGE KLISCHEES ÜBER FEMINIST*INNEN IM KOPF.

UM MISSVERSTÄNDNISSE VON ANFANG AN AUSZURÄUMEN:

NEIN

FEMINIST*INNEN HASSEN MÄNNER NICHT

Ganz im Gegenteil!

Sie hassen den SEXISMUS, der manche Männer dazu bringt, sich wie Schweine zu benehmen!

(Sorry, liebe Schweine, gegen euch haben wir nichts!)

FÜR MICH IST FEMINISMUS:

Lernen, im Alltag alle kleinen und großen Unterschiede zu erkennen, die zur Ungleichheit zwischen Männern und Frauen (im weiteren Sinne) führen.

Brille, um Sexismus selbst im Dunkeln zu erkennen!

LERNEN, DAS PATRIARCHAT[1] und seine Auswirkungen auf das Leben der FRAUEN ZU IDENTIFIZIEREN.

[1] Gesellschaft, in der der Mann und nicht die Frau im politischen, wirtschaftlichen, religiösen und familiären Bereich die Macht ausübt.

UNGERECHTIGKEITEN ANPRANGERN.

Sich **BERECHTIGT** fühlen Gefühle auszudrücken, unabhängig von Alter, Geschlecht, Hautfarbe, Religion oder sozialem Status.

#MyBodyMyChoice

Dafür einstehen, dass die Gesellschaft auf **GLEICHHEIT** und **GEGENSEITIGER HILFE** basiert.

Das hat er gesagt!

»DER FEMINISMUS BRINGT FRAUEN DAZU, IHRE EHEMÄNNER ZU VERLASSEN, IHRE KINDER ZU TÖTEN, HEXEREI AUSZUÜBEN, DEN KAPITALISMUS ZU ZERSTÖREN UND LESBE ZU WERDEN.«

Pat Robertson, 1992

US-amerikanischer Politiker, Fernsehprediger der konservativen christlichen Rechten

Nimm dich in Acht,
Kapitalismus!

Der Kampf des Feminismus gegen das Patriarchat reicht sehr, sehr weit zurück, denn Männer haben Frauen schon immer gefürchtet, vor allem wenn sie einstehen für:
Autonomie
sexuelle Freiheit
intellektuelle Freiheit
PATRIARCHALER RAT
Ei, ei, ei, das ist nicht gut!
Das lassen wir uns nicht gefallen!
Oh nein!
Mein Gott!
Das Problem war doch geregelt?!
Wer aus der Rolle ausbricht, die diese Herren festgelegt haben, ist laut ihnen eine Hure …
Oder Hexe!
ACHTUNG, KLISCHEES
Im Prinzip alle, die Männern auf »ihrem« Gebiet Konkurrenz machen.
WIE ZUM BEISPIEL:
Künstlerinnen (Frida Kahlo)
Wissenschaftlerinnen (Marie Curie)
Politikerinnen (Margaret Thatcher)
Aktivistinnen (Greta Thunberg)
Finanzexpertinnen (Christine Lagarde)
Feministinnen (Chimamanda Ngozi Adichie)
…
Ruhe!
Kurz: starke, unabhängige Frauen, die sich nicht von Männern diktieren lassen, was sie denken sollen!

[1] Ermächtigung; das Ergreifen von Macht über das eigene Leben

Mit »Menschen« sind übrigens auch Frauen und Kinder gemeint …

Quelle: Kristen J. Sollée, »Witches, Sluts, Feminists«, ThreeL Media, 2017

Sie sagen:

»ACH, SCHON OKAY, HEUTE BRAUCHEN WIR KEINEN FEMINISMUS MEHR!«

Leute, die glauben,
die Gleichheit wäre erreicht

Sprich du für dich, alter weißer Mann!

Vergesst nicht, es genügt eine politische, ökonomische oder religiöse Krise – und schon werden die Rechte der Frauen wieder infrage gestellt.
Simone de Beauvoir Philosophin, Schriftstellerin
Oder eine gesundheitliche oder ökologische Krise, könnte man hinzufügen.
Seit der Französischen Revolution (1789) erlebte der Feminismus einige Höhen, aber auch viele Tiefen.
Jede »Welle« hat Fortschritte gebracht.
Aber auch nach über 200 Jahren sind Männer und Frauen noch nicht gleichgestellt!
Frauen versuchten schon früh, gegen Ungleichheit ihre Stimme zu erheben.
Ich spreche als Erste von Gleichberechtigung.
Erklärung der Rechte der FRAU und BÜRGERIN
Olympe de Gouges Gelehrte und Politikerin 1748 – 1793
Sie ist die zweite Frau (nach Marie-Antoinette), die während der Terrorherrschaft durch die Guillotine stirbt.

DIE SUFFRAGETTEN
ERSTE WELLE 1850-1945 (EU-US)
VOTES FOR WOMEN
Wir fordern die gleichen Bürgerrechte wie Männer und das allgemeine Wahlrecht.
WOMEN
VOTES FOR WOMEN
Die Engländerinnen und Deutschen erhalten 1918 als Erste das Wahlrecht.
WAHLSCHEIN
Die Französinnen müssen bis 1944 warten!
Emmeline Pankhurst Anführerin der britischen Suffragetten-Bewegung
ZWEITE WELLE 1960-1970
Die Bewegung Mouvement de libération des femmes entsteht Anfang der 1970er-Jahre als Folge des Mai 1968.
Simon de Beauvoir
Das andere GESCHLECHT
GESETZ zur Entkriminalisierung der Abtreibung 1975
Simon Veil Politikerin
KOSTENFREIE VERHÜTUNG STRAFFREIE ABTREIBUNG
MLF
UNSER KÖRPER GEHÖRT UNS!
Diese zweite internationale Welle kämpft mit Verbandsgründungen und verschiedenen Aktionen für Selbstbestimmung über den eigenen Körper und das Recht auf Abtreibung.
DRITTE WELLE 1980-1990
INLKUSIVITÄT
In den 1980er-Jahren wird der Feminismus inklusiver: Er schließt ALLE Frauen ein, auch Minderheiten, die noch stärker unter dem Patriarchat sowie Diskriminierung leiden.
FEMINISMUS = VIELFALT
STOPP SEXISMUS RASSISMUS NATIONALISMUS
MEIN LESBISCHER KÖRPER GEHÖRT MIR

Alle Frauen sind Opfer des Patriarchats, aber nicht alle haben die gleichen Waffen, um dagegen zu kämpfen:

INTERSEKTIONALITÄT:

Die Überschneidung verschiedener Formen der Diskriminierung, wodurch Betroffene noch stärker benachteiligt werden.

Das Konzept wurde 1991 von Kimberlé Williams Crenshaw eingeführt.

FEMINISMUS 2.0

Heute findet der Protest online statt und wirkt damit weltweit!

Mit dem Internet hat der Feminismus endlich eine globale Reichweite.

INTERNET

Bringt Sichtbarkeit und Redefreiheit; jede Stimme zählt und Nachrichten verbreiten sich schneller.

Hashtags werden die Schlachtrufe, die Frauen miteinander vereinen.

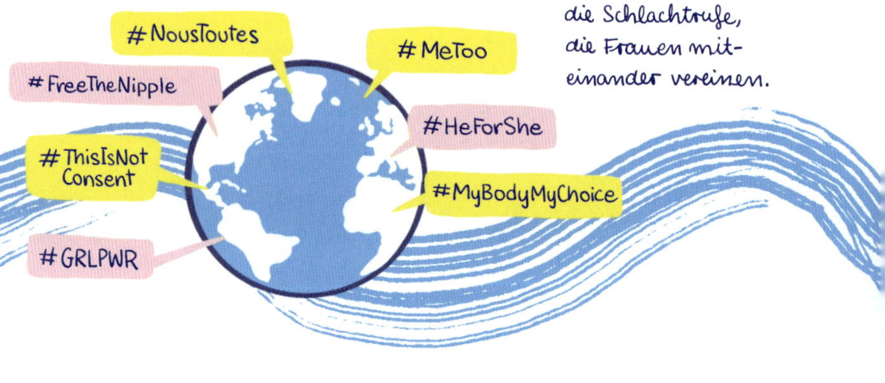

Die Bewegung #MeToo (dt. »ich auch«) wird so groß, dass sie die sozialen Beziehungen grundlegend verändert.
Es gibt ein Vor- und ein Nach-#MeToo.

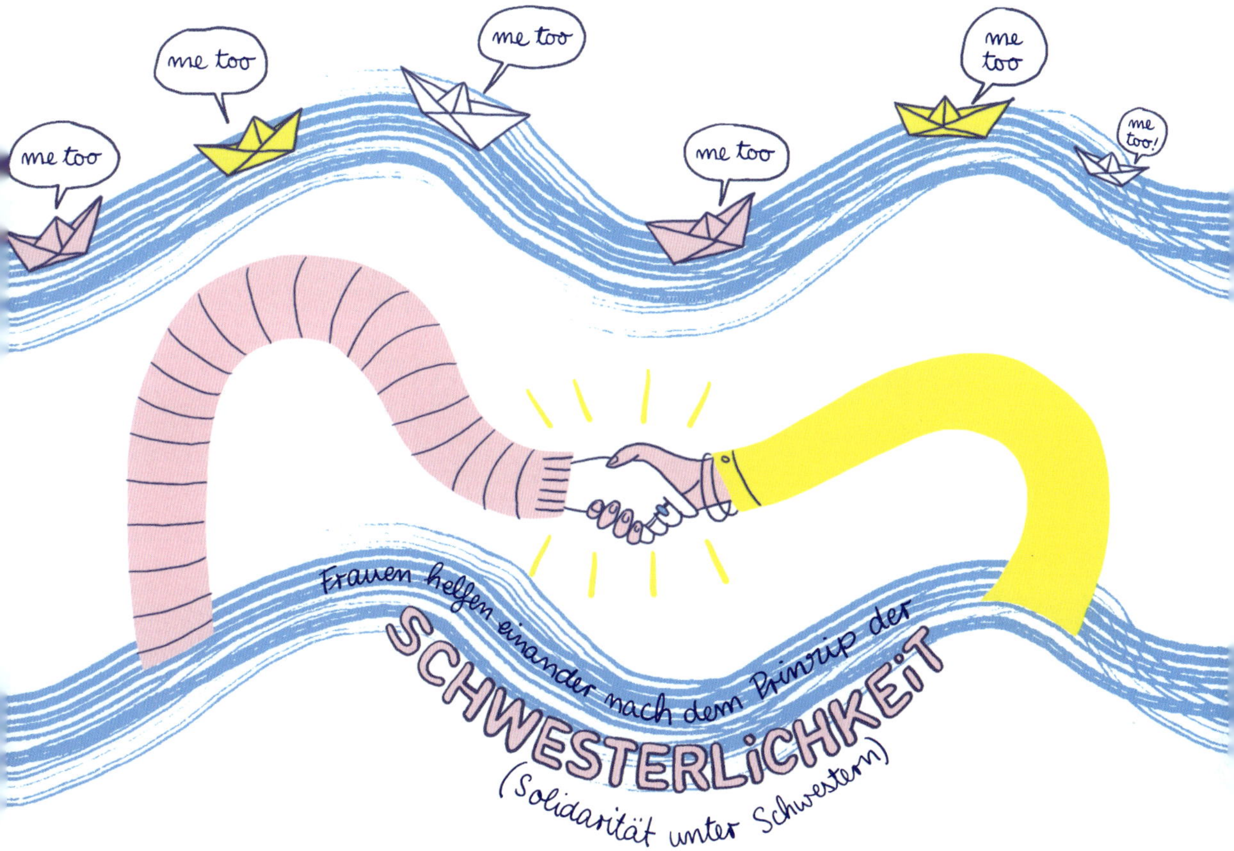

So kommt die Dekonstruktion des Patriarchats Schritt für Schritt voran:

Und im Rest der Welt …

FORTSETZUNG FOLGT!

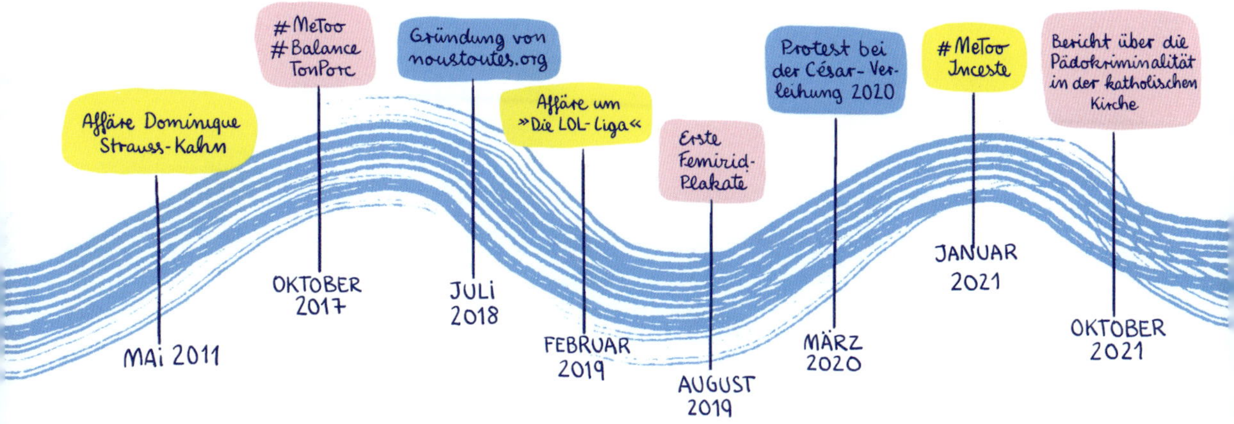

Sie sagen:

»KANN EIN MANN WIRKLICH FEMINIST SEIN?«

Leute, die finden,
man solle sich nicht in
Weiberkram einmischen

Jede*r
Einzelne zählt!

Traut euch zu handeln,
wenn ihr ungerechtes oder
sexistisches Verhalten
bemerkt.

Traut euch zu zeigen,
dass ihr Frauen unterstützt.

Traut euch zu sagen,
dass ihr nicht
einverstanden seid.

Traut euch,
darüber mit anderen
Männern zu sprechen.

Mein Freund Hepa (Er ist Australier) sagte eines Tages zu mir:
Weißt du, ich bin ein feministischer Mann!
Oh! Super! Und wie sieht das im Alltag aus?
Feminismus heißt für mich, den Kampf um Gleichstellung zu unterstützen.
Ich achte genau auf meine Haltung und Reaktionen.
Um ein echter Ally* zu sein.
*Verbündeter
Ich verdränge Frauen nicht im öffentlichen Raum ...
He He
Manspreading = breitbeinig sitzen und mehr Platz einnehmen als nötig
Und auch nicht im privaten.
Sophie hat noch eine tolle Idee ...
Ja!
PWR
Ich bemerke Ungleichheiten und spreche sie an.
Ähm ... Warum verdient Marion weniger als ich?
Ich unterstütze Frauen und ihr Empowerment, indem ich helfe, wenn ich gebraucht oder darum gebeten werde ...
(Ich bin aber nicht ihr Retter.)
Und auch einfach, indem ich ihnen zuhöre.
Ich hatte dir von einer Idee erzählt ...

Patric Jean ist der Regisseur des Dokumentarfilms »Die Herrschaft der Männer«. Er gründete den Verein Zéromacho, um mit Männern aus 53 Ländern für Geschlechtergleichheit zu kämpfen.

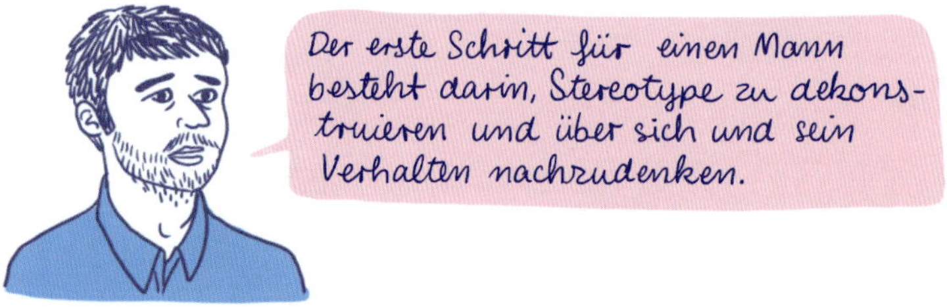

Sein Ziel?

Männer und Jungen am Kampf für Gleichstellung und Frauenrechte beteiligen, indem sie gegen Ungleichheiten vorgehen.

Maxime Ruszniewski
ehemaliger Berater im französischen Frauenministerium und Produzent

HeForShe
UN Women Solidarity Movement
for Gender Equality

He for She hat 2021 ein Dokument mit Lösungen zur Verbesserung der Geschlechtergleichheit veröffentlicht, die in großen Unternehmen, Universitäten und mehreren Ländern getestet wurden.

Quelle: Emma Watsons Rede vor der UNO 2014.
»The Guy's Guide to Feminism« von Michael Kaufman und Michael Kimmel, Seal Press 2011.
Anschauen: »Die Herrschaft der Männer« von Patric Jean.

SEXISMUS

»IF YOU
SEXIST
ME
I WILL
FEMINIST
YOU.«

SEXISMUS IM ALLTAG

Er sagte:

»BERUHIGEN SIE SICH!«

Nicolas Sarkozy zu Ségolène Royal

TV-Duell vor der französischen Präsidentschaftswahl 2007

Atmen Sie tief durch,
meine Damen, und bleiben
Sie stets freundlich!

CALM DOWN!
bla bla bla
RUHIG BLEIBEN!
CALM DOWN!
bla bla bla
CALM DOWN!

Meine Damen und Herren!
WAS IST SEXISMUS IM ALLTAG?
Das sind ganz gewöhnliche Bemerkungen und Verhaltensweisen.
Sie fallen kaum auf...
Aber sie basieren auf Geschlechterstereotypen (»typisch Frau«, »typisch Mann«) und verharmlosen Diskriminierung.
Sie sollte sich um ihre Kinder kümmern, statt Politik zu machen!
Zelie, 43 Jahre
Super, eine Frau im Team! Du kannst uns Kaffee kochen und hier sauber machen!
René, 52 Jahre
Komm, nur einen Drink! Ich bin kein Vergewaltiger! HAHAHA!
Lukas, 26 Jahre
he he he
Ach, wär ich 20 Jahre jünger, würdest du mir nicht entkommen!
Hau bloß ab, du alter Perversling!
Ich glaube, wir alle, Männer und Frauen, haben schon Sexismus im Alltag erlebt...
?!
Ah, ein starker Mann, der mir beim Umzug helfen kann!
he he

Belästigung auf der Straße

Aber auch im Internet

81%

der Frauen in Frankreich wurden schon an öffentlichen Orten sexuell belästigt.

(Ipsos-Umfrage 2020)

73%

der Frauen haben im Internet Gewalt erfahren.

(UNO 2015)

Immer müssen sie auf ihr Verhalten und ihr Aussehen achten, um keine ungewollte Aufmerksamkeit zu bekommen.
Ich hoffe, ich höre heute keine Sprüche über meinen Minirock!
Was starrt der mich denn so an?
Hey!
Ist dieser Lippenstift wohl zu viel?
ES GEHT WIEDER EINMAL DARUM, SIE AUF EIN SEXOBJEKT ZU REDUZIEREN, DAS MÄNNERN ZUR VERFÜGUNG STEHT.
Damit sie an ihrem Platz bleiben und keinen Ärger machen ...
MARIA SAYS:
ich finde ...
Um nicht abgestraft zu werden ...
Maria says@mariasays 22h
Ich finde, wir müssen aufhören, den weiblichen Körper ständig zu sexualisieren. #EsReicht #MeinKörpergehörtMir
1258 Kommentare
Dings
SCHEISS Emanzen
Bums
Ihr wollt es doch auch!
Trump
Grab'em by the pussy!
... was im Internet noch leichter geschieht.
Manche glauben, sie könnten sich an ihrem PC alles erlauben!

Leider hilft die Polizei den Betroffenen nicht immer ...
Ich möchte eine Belästigung im Internet anzeigen.
Hören Sie besser auf, online Ihre Meinung zu posten!
Das kommt davon ...
Sondern macht sie manchmal sogar selbst für die Belästigung verantwortlich.
Ebenso bei der Belästigung auf der Straße:
Bei der durchsichtigen Bluse ...
Warum war sie so spät noch unterwegs?
Man darf Jungs eben nicht provozieren!
Fleisch- und Wurstwaren
RAPE CULTURE (VERGEWALTIGUNGSKULTUR):
Sexuelle Übergriffe kleinreden, belächeln oder gar begünstigen
Das ist völlig absurd!
Man gibt dem Opfer die Schuld, statt sich auf das wahre Problem zu konzentrieren: DEN TÄTER!
WARUM erlauben sich diese Männer so ein Verhalten?
Das muss sich ändern!

ACHTUNG Regt euch aber nicht zu sehr auf, denn wenn eine Frau die Stimme erhebt
Das reicht!
RUHIG BLEIBEN!
Und warum, bitte schön?
Weil ich temperamentvoll spreche?
Weil ich wütend bin?
Bin ich jetzt etwa hysterisch?
Wenn ein Mann laut seine Meinung sagt, wird er:
- GEFÜRCHTET -
- MIT RESPEKT BEHANDELT -
- GEHÖRT -
(Man denke an Mélenchon, Trump, Putin usw.)
Jean Luc Mélenchon, Politiker
Der hat Charisma!
Jawohl!
Wenn eine Frau dasselbe tut, wird sie in der Regel:
- AUSGELACHT -
- KRITISIERT -
- MUNDTOT GEMACHT -
Greta Thunberg, Klimaaktivistin
»IRRE«
»ZU JUNG«
»NICHT HÜBSCH«
»HYSTERISCH«
So lächerlich! Greta muss an ihrem Problem mit Aggressionsbewältigung arbeiten!
Schau mit einer Freundin einen Film. Relax, Greta!
Donald Trump, ehemaliger US-Präsident
Trumps Tweet soll die junge Frau verspotten und auf ihren »Platz« verweisen.
Kurz: »KLAPPE, GRETA!«

Um das zu ändern und für mehr Gleichheit zu sorgen, müssen Frauen ihre Wut ausdrücken dürfen!

Anschauen: Die Videos über Belästigung auf der Website standup-international.com

Wenn ihr einen Übergriff oder eine Belästigung beobachtet, ist es wichtig, dass ihr dem Opfer helft.
Denkt an die 5D
mmh
Hey, du riechst gut, wie heißt du?
DELAY (Aufschieben)
Alles klar?
Brauchst du Hilfe?
DELEGATE (Andere hinzuziehen)
Die Frau scheint Hilfe zu brauchen. Gehen wir hin?
Ja.
He He
DOCUMENT (Aufnehmen)
Die Szene (diskret) filmen, wenn man nicht helfen kann.
HA HA HA
DIRECT (Ansprechen)
Sie da, Ihr Verhalten ist nicht okay ...
DISTRACT (Ablenken)
Entschuldigung, darf ich mal durch?

#METOO

Er hat gesagt:

»OH BITTE, ES TUT MIR LEID, KOMM EINFACH REIN. ICH BIN DAS GEWOHNT.«

Harvey Weinstein, 2015

US-amerikanischer Filmproduzent

Solidarität als Antwort

ME TOO
ME TOO
ME TOO
ME TOO
ME TOO
#ME TOO
ME TOO
you too
me too
ME TOO
#ME TOO
ME TOO
ME TOO
ME TOO
#ME TOO
ME TOO
ME TOO
you too
me too
ME TOO
ME TOO
ME TOO
ME TOO
ME TOO
#ME TOO
you too
me too
ME TOO
#ME TOO
you too
ME TOO
ME TOO
ME TOO
ME TOO
ME TOO

Erinnert ihr euch an den Weinstein-Skandal 2017?
Der amerikanische Filmproduzent nutzte seinen Einfluss, um Frauen ungestraft zu bedrängen.
Komm, Süße, sprechen wir auf meinem Zimmer über deine Zukunft ...
Aber ich ...
Du willst doch berühmt werden?
Dann komm auf mein Zimmer.
Der Begriff
SICH HOCHSCHLAFEN
war damals noch ein beliebter Witz in der Branche ...
Was man glaubte:
Hi Hi!
Ich darf in einem Film mitspielen!
Die Realität:
Help!
Was ist hier los? Habe ich eine Wahl?
Je größer der Skandal wird, umso mehr Hollywoodstars melden sich, um Harvey Weinstein zu beschuldigen.
Es werden bis zu 93 Opfer gezählt.
Me too ...
Me too
Me too
Moi aussi ...
Rose McGowan
Angelina Jolie
Gwyneth Paltrow
Léa Seydoux
2007 startete Tarana Burke die #MeToo-Kampagne gegen sexuelle Gewalt in benachteiligten New Yorker Stadtteilen.
US-amerikanische Aktivistin
2017 fordert Alyssa Milano alle weiblichen Opfer sexueller Übergriffe auf, #MeToo zu twittern.
Schauspielerin und Aktivistin
Nach diesem Skandal trauen sich immer mehr Opfer, über ihre Erfahrungen zu sprechen.

Und wie haben die Kollegen reagiert?
GAR NICHT.
Na, danke!
Wir wussten doch von nichts!
Nichts gehört ...
Nichts gesehen ...
Und selbst wenn ...
Wir sagen nichts!
Matt Damon
Ben Affleck
Brad Pitt
DIE BEWEGUNG WÄCHST UND ERFASST ALLE BEREICHE
Wow!
#MeToo
#MeToo
#MeToo
#MeToo
Danach kennen alle das Ausmaß des Problems!
AAH!
AAAAAH!
Viele Männer fühlten sich unwohl oder sogar »bedroht« von dieser Flutwelle weiblicher Stimmen.
(Obwohl ja die Frauen die Opfer sind ...)
Help!
#NotAllMen¹
¹Nicht alle Männer
#NotAllMen, aber prüft bitte trotzdem ein wenig euer Gewissen, okay?
Wir dürfen ja GAR NICHTS MEHR SAGEN oder MACHEN!
Wenn ich jetzt einer Frau hinterherpfeife, sagt sie #MeToo?!
Die französische Verführungskunst ist tot!
Wenn Verführung Begrapschen, Hinterherpfeifen, Auf-den-Ausschnitt-Starren, Gewaltsam-Küssen usw. heißt, ist das sexuelle Belästigung!
Ja, das muss aufhören!

Aktuell ist zu beobachten:
Man muss Übergriffe und Täter identifizieren können.
Denn es gibt ebenso viele Täter wie Opfer!
Ich hab was Schlimmes erlebt.
Mir ist nicht (unbedingt) bewusst, dass ich etwas falsch gemacht habe.
ÜBERGRIFF
Alles vom Auf-der-Straße-Folgen bis zu Vergewaltigung oder Mord.
OPFER
TÄTER
Bestenfalls wird die Frau bedauert und kann Anzeige erstatten, schlimmstenfalls wird sie ignoriert, man glaubt ihr nicht oder macht sie verantwortlich für das, was ihr passiert ist.
Noch nicht präsent genug in der allgemeinen Wahrnehmung, als dass sich Männer als Täter identifizieren könnten. Wird in den Medien, Filmen, Romanen usw. meist als »Monster« dargestellt, in dem sich niemand wiedererkennt.
Im März 2020 wird Harvey Weinstein schließlich wegen Vergewaltigung und sexueller Übergriffe zu 23 Jahren Haft verurteilt.
SO BEGANN EIN WICHTIGER AKT DER DEKONSTRUKION …
Und wir alle sind daran beteiligt!

UNGLEICHE BEZAHLUNG

Er hat gesagt:

»NATÜRLICH MÜSSEN FRAUEN WENIGER VERDIENEN ALS MÄNNER. SIE SIND SCHWÄCHER, KLEINER, SIE SIND WENIGER INTELLIGENT.«

Janusz Korwin-Mikke, 2017

Polnischer Politiker

Es fällt ihnen
auch schwerer, Sexisten
zu ertragen.

Jede Arbeit verdient einen Lohn, und etwas weniger, wenn du Brüste hast.

#6Novembre15h35
Slogan der Agentur
Mad&Women

In diesem dicken Buch heißt es laut Artikel:
ARBEITSGESETZBUCH
L. 133-5 4° und L. 136-2 8° im französischen ARBEITSGESETZBUCH
»GLEICHE ARBEIT, GLEICHER LOHN«
Und doch …
Heute verdient eine Frau in FRANKREICH im Schnitt 9% weniger als ein Mann.
Of course …
≠
In FÜHRUNGSPOSITIONEN verdienen Frauen sogar 26% weniger als Männer.
Na, super!
Das heißt, Frauen arbeiten jedes Jahr 2 MONATE gratis!
Yippie!
Aber sonst ist ALLES GUT!
Übrigens sind auch alle sogenannten »Frauenberufe« (seltsamerweise) schlechter bezahlt:
Beispiel:
Not cool, man.
VS
Tut mir leid, gnä' Frau!
Krankenschwester ≈ 1700 € / Monat brutto
Polizist ≈ 2859 € / Monat brutto
≈ 86% weibliche Pflegekräfte
≈ 84% männliche Polizeibedienstete

[1] Mischung aus Angst und mangelndem Selbstvertrauen, wodurch man sich wie ein*e Betrüger*in fühlt und die eigenen Leistungen und Kompetenzen anzweifelt. Frauen sind besonders häufig davon betroffen.

SEXISTISCHE KLISCHEES UND STEREOTYPE SIND IN DER ARBEITSWELT SO PRÄSENT WIE ÜBERALL!

Jung und hübsch:

= Sie hat sich hochgeschlafen.

= Wird nicht ernstgenommen.

= Sexobjekt.

= Vorsicht, sie will bestimmt bald Kinder!

Weniger jung und hübsch:

= Will bestimmt Zeit mit ihren Kindern verbringen.

= Zu emotional, um eine gute Führungskraft zu sein.

= Wird wegen ihres Aussehens und Alters verspottet.

= Niedrigere Position als ein gleichaltriger Mann, weil sie ein- oder mehrmals Elternzeit genommen hat.

Zudem werden beide als Hexen bezeichnet, wenn sie auf einem Chefposten autoritär auftreten.

DISKRIMINIERUNG BEI DER ANSTELLUNG

So entsteht die berühmte »GLÄSERNE DECKE«

Der Begriff »gläserne Decke« kam in den 1970er-Jahren in den USA auf und bezeichnet die Tatsache, dass Frauen größere Schwierigkeiten haben als Männer, in der Unternehmenshierarchie auf höhere Posten zu gelangen.

Wenn man die Karriere eines Mannes und einer Frau vergleicht:

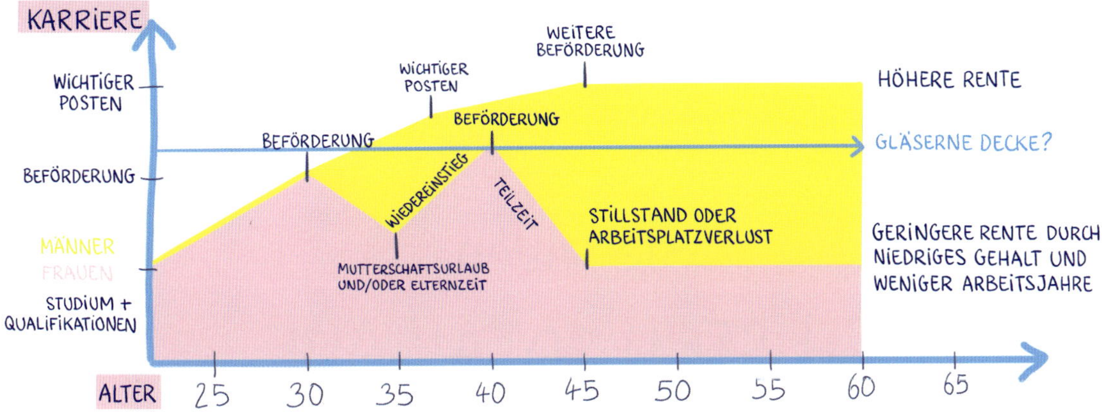

(Natürlich ist das nicht zwangsläufig bei allen so!)

Quelle: Anna Toumaroff, »L'égalité salariale pour toutes« für »lesglorieuses.fr«

WOMEN OF COLOR

Sie sagen:

»ICH STEH TOTAL AUF SCHWARZE. DARF ICH MAL DEINE HAARE ANFASSEN?«

Typen, die von Exotik träumen

Fass ich dir etwa an die Glatze?

»Die am wenigsten respektierte Person in Amerika ist die schwarze Frau. Die am wenigsten geschützte Person in Amerika ist die schwarze Frau. Die am wenigsten beachtete Person in Amerika ist die schwarze Frau.«

Malcom X, 1962

TCHIP

IN DEN MEDIEN WERDEN VERSCHIEDENE TYPISCHE FIGUREN TRANSPORTIERT.

Bei den schwarzen Frauen gibt es DAS KINDERMÄDCHEN

Diese Haushaltshilfe oder Putzfrau kümmert sich ausschließlich um das Haus und die weißen Kinder.

(Hier Mammy, die Sklavin und Hausangestellte von Scarlett O'Hara in »Vom Winde verweht«, USA 1939)

DIE VERFÜHRERIN

Ultrasexy, untreu, ehebrecherisch, sexsüchtig und vulgär. Sie erregt die Männer und macht ihnen gleichzeitig Angst. Man findet sie in vielen R'n'B-Clips.
Beispiele: Cardi B, Nicki Minaj, Aya Nakamura ...

Aya Nakamura, »40%«

Cardi B, »Up«

DER HAUSDRACHE

Wütende, aggressive, dominante schwarze Frau. Beschimpft schwarze Männer und beschwert sich andauernd. Sie hat eine anmaßende Haltung und immer eine Hand in die Hüfte gestemmt, schnippt mit den Fingern und macht ein verächtlich schnalzendes Geräusch mit dem Mund (tchip).

die STARKE schwarze Frau

All diese Stereotype haben gemeinsam, dass die Frau STARK sein muss. Sie hat Schlimmes überstanden, muss mutiger und fleißiger sein als die anderen und sich doppelt anstrengen, um Erfolg zu haben.

Beispiele: »Hidden Figures – Unerkannte Heldinnen«, Shirley in der Serie »Community«.

Kombinationen: die anmaßende Hausangestellte oder die wütende, aber sexy Frau

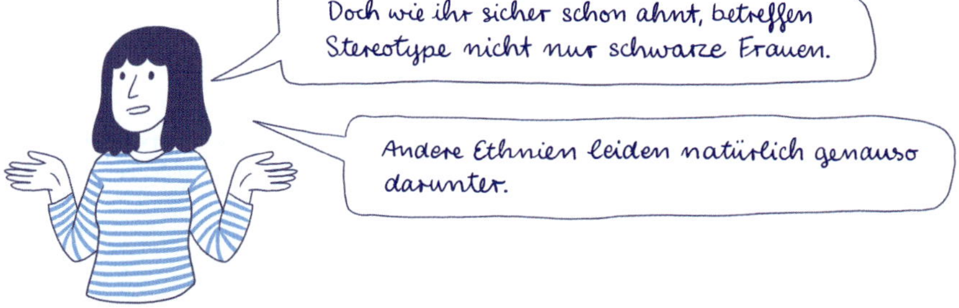

Auch über asiatische Frauen gibt es zahlreiche Stereotype

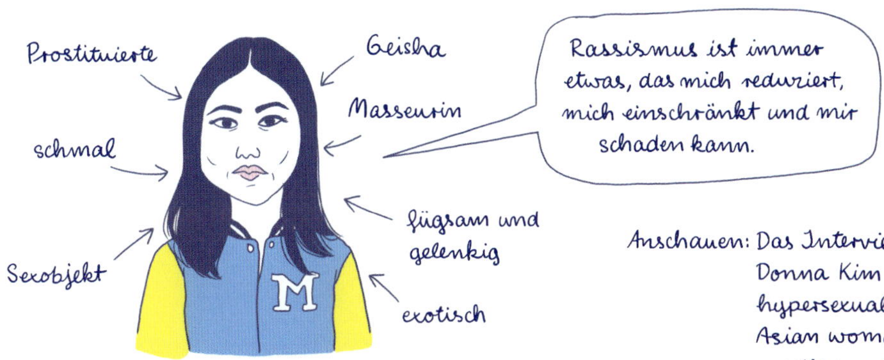

Grace Ly
Schriftstellerin und Antirassismus-Aktivistin

Anschauen: Das Interview mit Donna Kim »The hypersexualization of Asian woman in the media« auf brut.media

DIE JETSETTERIN

Crazy Rich Asians

DIE NERDIN

Ellie in »Nur die halbe Geschichte«

Und zum Schluss:
DAS SCHULMÄDCHEN
Diese Darstellung und Idealvorstellung grenzt hart an Pädophilie!
anrüglich
sehr jung
lächelnd und bereitwillig
unschuldig und unerfahren
sehr kurzer Rock
Natürlich gibt es auch Stereotype über Inderinnen, nordamerikanische Ureinwohnerinnen, Südamerikanerinnen, Russinnen usw.
Man könnte ein ganzes Buch damit füllen!
Es ist wichtig, zu verstehen …
… dass all die Klischees und Stereotype ein reduziertes Bild dieser Frauen zeichnen …
… für die es kaum Identifikationsfiguren gibt!
Das geht weiter …
… von Generation zu Generation.
Das ist ein Teufelskreis …
… den man ZERSCHLAGEN muss.

oder auch »Mehrfachdiskriminierung«.

Quelle: Tamara Winfrey Harris, »The Sisters Are Alright«, Berrett-Koehler Publishers, 2015.

Lesen: Chimamanda Ngozi Adichie, »Americanah«, aus dem Englischen von Anette Grube, S. Fischer, 2014.

ALTERN

Er hat gesagt:

»HAU AB, DU ALTE SAU!«

Ein Polizist zu
einer Passantin bei
einer Gelbwesten-Demo
in Frankreich 2018

Die französische Eleganz!

Spieg-
lein,
Spieg-
lein
...
Spieg-
lein,
Spieg-
lein
...

Will dieses Land wirklich Tag für Tag eine Frau im Amt ALTERN sehen?
Rush Limbaugh über Hillary Clinton 2008.
VOTE FOR
HILLARY 2008 PRESIDENT
Hey, Alter, hast du dich mal angesehen?
Man hört oft, dass das Altern ein Tabuthema ist ...
Vor allem in einer Gesellschaft, die ewige Jugend anstrebt ...
Doch anscheinend geht es dabei hauptsächlich um das Altern der FRAUEN.
Ich mit 75 Jahren
Aber ...
Woher kommt diese Geschlechterungleichheit beim Altern?
WIR ALLE HABEN BILDER VON ALTEN FRAUEN IM KOPF:
Die Disney-Hexe, 1959.
»Die Alten« von Goya, 1808-1812.
Die Alte oder Witwe ist allein und den Männern nichts mehr schuldig.
Sie entzieht sich dem gesellschaftlichen System der männlichen Herrschaft.
Sie muss nicht mehr:
verführerisch sein
Kinder bekommen
sich um einen Mann kümmern
SIE KANN SICH ENDLICH SICH SELBST WIDMEN!

Durch diese Freiheit sind Frauen in den Augen der Männer gefährlich und unkontrollierbar. Sie werden immer noch stigmatisiert, nachdem sie lange als Hexen verfolgt wurden.
In Europa dauerten die Hexenverfolgungen bis 1680 an. Über 100.000 Frauen wurden wegen Hexerei verurteilt!
Die Angeklagten wurden gefoltert und lebendig verbrannt. Und es brauchte nicht viel, um angeklagt zu werden!
Alte Männer hingegen gelten als weise und respektabel. Mann hört auf sie und bittet sie um Rat.
Super!
Gandalf aus »Der Herr der Ringe«
Cool!
Wir sind angesagt!
Dumbledore aus »Harry Potter«
Nein, es ist nicht anstößig, wenn alte Manner auf junge, »knackige« Frauen stehen, denn nur so begegnen sie uns in allen Medien!
Der »male gaze« macht all jene unsichtbar, die in den Augen der Männer nicht attraktiv, also JUNG, sind.
0 Jahre
10 Jahre
20 Jahre
30 Jahre
40 Jahre
60 Jahre
80 Jahre
niedlich
»vögelbar«, da im gebärfähigen Alter
unsichtbar
So zwingt die Gesellschaft Frauen, bei 25 Jahren stehenzubleiben.
Und sich für sich selbst zu schämen.
25 FOREVER
Das ist vollkommen unrealistisch und ungerecht!

Quelle: Amanda Castillo, »Pas de rides, pas de mou : vieillir reste toujours interdit aux femmes«, für letemps.ch.

Lesen: Sophie Fontanel, »Glückssträhnen«, aus dem Französischen von Judith Petrus, Ebersbach & Simon, 2019.
Mona Chollet, »Hexen: die unbesiegte Macht der Frauen«, aus dem Französischen von Birgit Althaler, Nautilus, 2020.

Anschauen: Die Serie »Grace and Frankie« mit Jane Fonda und Lily Tomlin.

Folgen: @fiftyyearsofawoman bei Instagram. #Sexygenaire.
@sophiefontanel bei Instagram.

GESCHLECHT

IM DEUTSCHEN VERWENDET MAN HÄUFIGER DIE **MÄNNLICHE FORM**, UM ÜBER ALLE – MÄNNER UND FRAUEN – ZU SPRECHEN.

SPIELZEUG

Sie sagen:

»MÄDCHEN SPIELEN AM LIEBSTEN MIT PUPPEN UND PUPPENGESCHIRR.«

Leute, denen
es an Fantasie fehlt

Einmal Prinzessin …
… immer Dienstmädchen!

Die Rolle, die man ihnen über das Spielzeug zuteilt ...

... ist für ihre Entwicklung entscheidend.

Heute noch führen Spielsachen für kleine Jungen sie hinaus in die sogenannte öffentliche Sphäre (außerhalb des Hauses und Haushalts).

Das regt sie dazu an, motorische Kompetenzen zu entwickeln: Rennen, Klettern, Erkunden, Anführen, Bauen, Zerstören, Erobern, Erfinden ...

Spielsachen für Mädchen halten sie in der privaten Sphäre (Haus, Familie) und fördern vor allem praktische und pflegerische Kompetenzen.

Wie sich hübsch machen, kochen, putzen, sich und andere pflegen, sich als Prinzessin verkleiden, träumen ... Träumen und dabei auf den Märchenprinzen warten?

Viele Märchen enden mit Hochzeit und dem Satz »Dann lebten sie glücklich bis ans Ende ihrer Tage«, als wäre Heiraten das einzige Ziel.

DIE KLASSISCHEN GESCHLECHTERSTEREOTYPE:

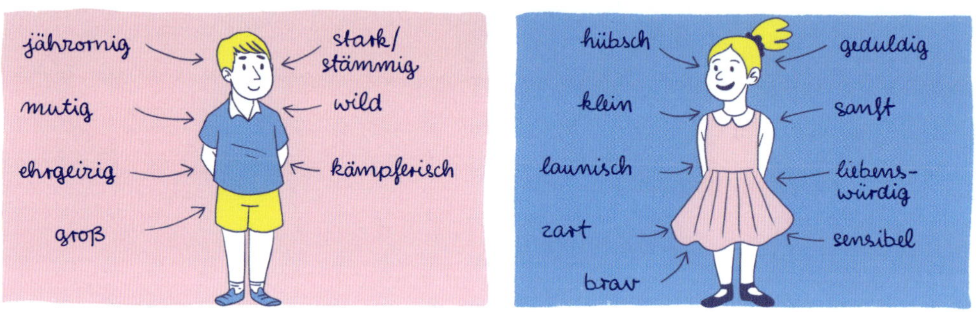

Diese Stereotype werden anerzogen, und zwar ab der Geburt.

Es ist Aufgabe der Eltern und Erzieher*innen, das Kind nicht in eine vorgefertigte Geschlechterrolle zu pressen.

Es geht darum, die Palette der Möglichkeiten zu erweitern:

Und zwar, indem man Kindern geschlechtergerechte oder -neutrale Spielsachen[1] anbietet, in allen Farben!

Quelle: Mona Zegai, »Jouets genrés: comment ils influencent les goûts et capacités de vos enfants«, leplus.nouvelobs.com.

NICHT-BINARITÄT

Sie sagen:

»WAS BIST DU DENN JETZT, EIN MÄDCHEN ODER EIN JUNGE?«

Leute, die doppelt sehen

Binarität ist zweifach uncool!

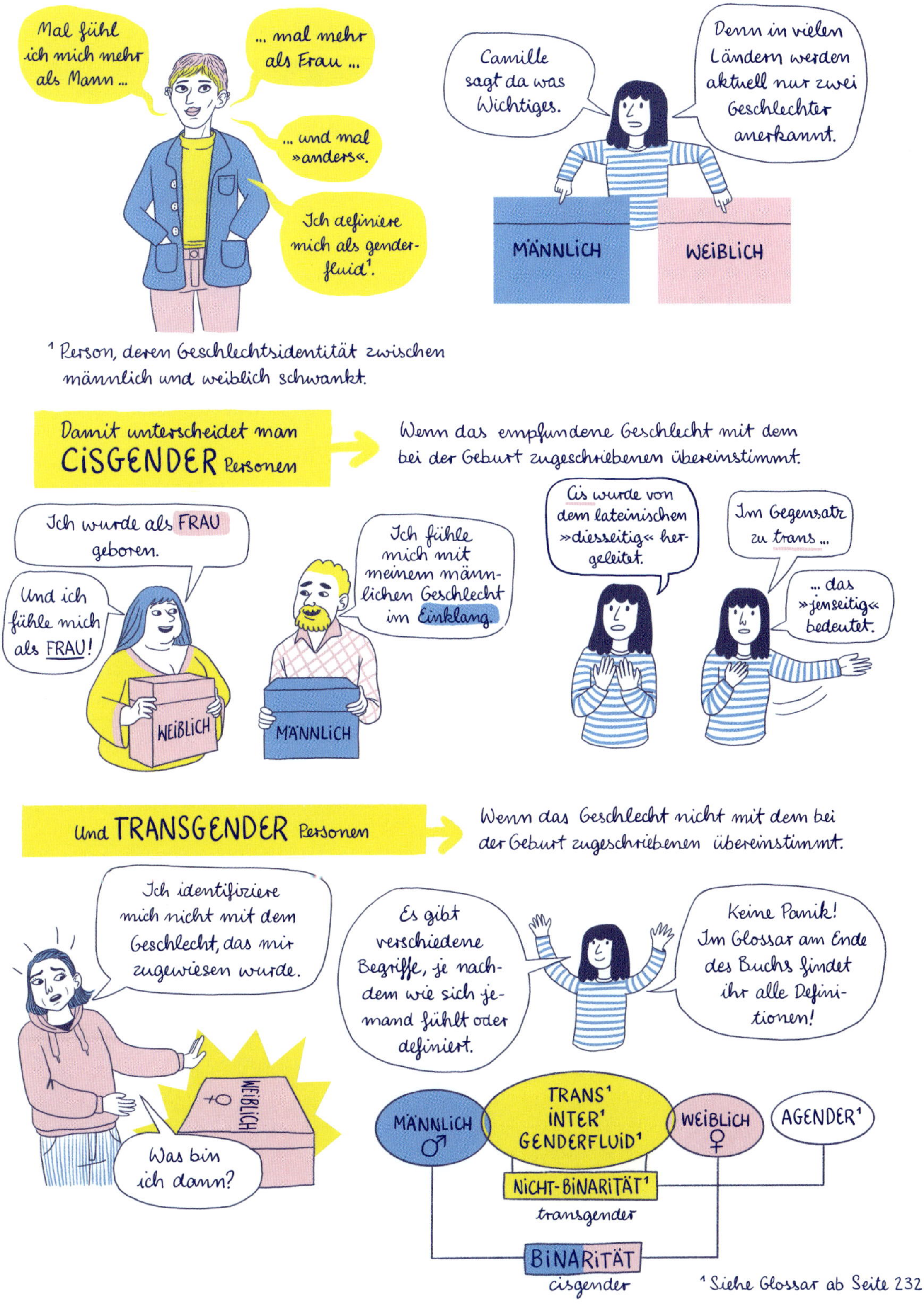
Mal fühl ich mich mehr als Mann ...
... mal mehr als Frau ...
... und mal »anders«.
Ich definiere mich als genderfluid¹.
Camille sagt da was Wichtiges.
Denn in vielen Ländern werden aktuell nur zwei Geschlechter anerkannt.
MÄNNLICH
WEIBLICH
¹ Person, deren Geschlechtsidentität zwischen männlich und weiblich schwankt.
Damit unterscheidet man CISGENDER Personen
Wenn das empfundene Geschlecht mit dem bei der Geburt zugeschriebenen übereinstimmt.
Ich wurde als FRAU geboren.
Und ich fühle mich als FRAU!
WEIBLICH
Ich fühle mich mit meinem männlichen Geschlecht im Einklang.
MÄNNLICH
Cis wurde von dem lateinischen »diesseitig« hergeleitet.
Im Gegensatz zu trans ...
... das »jenseitig« bedeutet.
Und TRANSGENDER Personen
Wenn das Geschlecht nicht mit dem bei der Geburt zugeschriebenen übereinstimmt.
Ich identifiziere mich nicht mit dem Geschlecht, das mir zugewiesen wurde.
WEIBLICH ♀
Was bin ich dann?
Es gibt verschiedene Begriffe, je nachdem wie sich jemand fühlt oder definiert.
Keine Panik! Im Glossar am Ende des Buchs findet ihr alle Definitionen!
MÄNNLICH ♂
TRANS¹
INTER¹
GENDERFLUID¹
WEIBLICH ♀
AGENDER¹
NICHT-BINARITÄT¹
transgender
BINARITÄT
cisgender
¹ Siehe Glossar ab Seite 232

Das nennt man NICHT-BINARITÄT.
NICHTBINÄR
Wir verabschieden uns von der Dichotomie.
Nichtbinäre Personen versammeln sich unter der LGBTQIA+-Flagge für lesbisch, schwul (gay), bi, trans, queer, inter, asexuell und + für alle anderen (schon oder noch nicht) verzeichneten Geschlechtsidentitäten und sexuellen Orientierungen.
Eine einzige Flagge für all diese Vielfalt!
Als nichtbinäre Person falle ich immer auf.
Mir werden oft unangemessene Fragen gestellt …
… die man einer Cis-Person niemals stellen würde!
Wie nach meinem Geburtsgeschlecht …
Meinen Genitalien …
Oder meiner sexuellen Orientierung!
Dabei fühle ich mich unwohl!
Außerdem werde ich misgendert.
MISGENDERN IST:
Hallo!
Frau?
Mann?
Nur Sam …

Um respektvoller mit Geschlechtsidentitäten umzugehen, kann man seit 2021 bei Instagram sein Pronomen anzeigen lassen: she/her (cis-weiblich), he/him (cis-männlich) oder they/them, das häufigste nichtbinäre Pronomen im Englischen.

BEZIEHUNGEN

ES WAR
EINMAL …

ABER **NICHT**
ZWEIMAL!

MENTAL LOAD

Sie sagen:

»SAG BESCHEID, WENN DU HILFE BRAUCHST, SCHATZ!«

Typen, die keine Lust haben, vom Sofa aufzustehen

Tauschen wir doch mal!

»Seinen Teil der Mental Load zu übernehmen bedeutet nicht zu fragen, was man tun kann, sondern selbst zu wissen, was zu tun ist.«

Emma, 2017

HEUTE SAGT MAN JA GERN, DASS MÄNNER SICH MEHR AM HAUSHALT BETEILIGEN:
Aber die Zahlen haben sich seit 1985 kaum verändert.[1]
Immer noch erledigen Frauen die meisten Haushalts-aufgaben im Alltag.
Ich spiel noch zu Ende, dann sagst du mir, wie ich helfen kann!
[1] INSEE-Studie, 2010
Und wenn Männer Hilfe anbieten, heißt das …
Sie ergreifen nie (oder selten) die Initiative.
Und sie sehen immer noch die Frau als Hauptver-antwortliche.
DIE Spezialistin für Haushalt, Küche, Alltags-Orga, Kinder …
Wenn ich also will, dass mein Mann etwas gut macht …
… muss ich ihn bitten und es dann noch erklären?
So ist es!
Wie nervig! Dann mach ich es doch lieber gleich selber, das geht schneller!
Leider sagen sich das letztendlich viele Frauen …

MENTAL LOAD
Das nennt man ...
Schaut euch mal Emmas tolle Zeichnungen dazu an!
Ihr findet sie in meinem Blog emmaclit.com!
NICHT VERGESSEN:
Geburtstagskarten verschicken.
Die Schlüssel für die Reinigungskraft.
Schwämme kaufen.
Papiere zum Notar bringen.
Zur Apotheke gehen.
Bettzeug waschen.
Den Eltern für das Geschenk danken.
usw. ... usw. ... usw. ...
02:16
Das ist unsichtbare, erschöpfende, pausenlose Arbeit, oft zusätzlich zum beruflichen Arbeitstag.
Jetzt werdet ihr zu Recht sagen: »Aber auch Männer tragen eine mentale Last!«
URLAUB
EINKAUFEN
BUDGET
GESUNDHEITSVORSORGE
GARTEN
HAUSHALT
ARBEIT
KINDER
KÜCHE
GELD
AUTO
WERKSTATT
Ja, natürlich!
Aber hauptsächlich außer Haus, und die Aufgaben sind weniger alltäglich und oft bezahlt!
HAUS

Denn ihr wisst ja …
Sich um Haus, Partner*in und Kinder kümmern ist keine Erwerbsarbeit!
Das ist unbezahlte Arbeit.
Damit hat man kein Recht auf Versicherungen, Arbeitslosengeld oder Rente!
WANN WIRD HAUSARBEIT ENDLICH BEZAHLT?
Dann hätten auch Männer die Möglichkeit, zu Hause zu bleiben, wenn sie das wollen!
Und es hieße nicht mehr »Urlaub«!
Okay.
Dazu gibt es noch:
EMOTIONAL LOAD (DIE EMOTIONALE LAST)
1983 definiert von der US-amerikanischen Soziologin:
Arlie Russell Hochschild
Ich schrieb »Das gekaufte Herz. Zur Kommerzialisierung der Gefühle«.
Die Hälfte der Frauen arbeitet in Berufen mit einem großen Anteil emotionaler Arbeit:
in Dienstleistungs- und Pflegeberufen.
Zum Beispiel:
Friseurin
Krankenschwester
Kassiererin

Sich um seine Angehörigen sorgen …
Hallo Oma, wie geht es dir heute?
Isst du gut?
Ihnen Zeit und Zuneigung schenken …
Sie erziehen, sie versorgen …
3+6 =?
Denk an deine Vitamine!
Den Wohnraum angenehm gestalten …
Und dazu:
soziale Beziehungen pflegen, zuhören, trösten …
Danke!
Bla, bla, bla …
ALL DAS BRAUCHT ENERGIE UND ZEIT!
Und trägt zum Wohlbefinden und harmonischen Zusammenleben aller bei!
Diese tägliche Last ist noch lange nicht gerecht verteilt!
Es ist wichtig, sich das bewusst zu machen.
Es gibt keine »natürliche« Empathie der Frauen!
Sie wird Mädchen von klein auf anerzogen!

Quellen: Emmas Blog emmaclit.com, wo sie die Themen Gleichstellung, Rassismus und Politik mit viel Humor und Weitblick behandelt.
Arlie Russell Hochschild, »Das gekaufte Herz. Zur Kommerzialisierung der Gefühle«, aus dem Englischen von Ernst von Kardoff, Campus, 1990.
Alice Maruani, »Les femmes sont bonnes: parlons maintenant de la charge émotionnelle«, für nouvelobs.com.

Sie hat gesagt:

»WENN EIN MANN SEINE FRAU SCHLÄGT, IST DAS NICHT DIESELBE KRÄNKUNG, WIE WENN EIN MANN VON SEINER FRAU GEDEMÜTIGT WIRD.«

Jelena Misulina, 2017

Russische Politikerin, die häusliche Gewalt in Russland **entkriminalisiert** hat

Und wenn wir aufhören, ihn zu entschuldigen?

STOPP
3919
STOPP
3919
3919
3919

Quelle: WHO, 9. März 2021.

In Frankreich wurden 2019

146 und **27**

FRAUEN MÄNNER

von ihrem/ihrer (Ex-) Partner*in getötet.

Dennoch kann es schwierig sein, häusliche Gewalt zu identifizieren, denn sie beginnt nicht zwangsläufig mit körperlicher Gewalt.

Ganz beiläufige Bemerkungen und Verhaltensweisen können in einer Paarbeziehung unbemerkt einen Keim der Gewalt pflanzen.

MISSHANDLUNG BEGINNT OFT MIT DRUCK UND SPANNUNGEN IN DER BEZIEHUNG.

Ergebnis:
niedriges Selbstwertgefühl
verunsichert
Fühlt sich unzureichend
Fürchtet die Reaktion des/der Partner*in
herabgesetzt
Selbstzweifel
verloren
Darauf folgen oft Beleidigungen, Drohungen, körperliche und/oder sexuelle Gewalt ...
Gefährliches und beunruhigendes Verhalten.
So kommt es zu einer
EXPLOSION DER GEWALT
RECHTFERTIGUNG
Um sich zu rechtfertigen, sucht der/die Täter*in Ausreden:
Es war nur ein Mal!
Ich bin eben jähzornig.
Ach, das ist doch nichts.
Ich bin überarbeitet!
Ich bin depressiv.
Ich war müde.
Ich war betrunken.
Oder er beschuldigt das Opfer.
Sie ist schuld!
Sie provoziert ...
Sie macht nie irgendwas richtig!
Sie macht mich irre!
Er beruft sich auf die Liebe, um sein gewalttätiges Verhalten zu rechtfertigen.
Wir führen eine leidenschaftliche Beziehung.
So ist das eben, wenn man sich liebt!
Natürlich will das Opfer ihm glauben, weil es ihn liebt.

BEDAUERN

VERSÖHNUNG

RÜCKKEHR VON DRUCK UND GEWALT

Im französischen Gesetz vom 4. April 2006 wurde schließlich festgehalten, dass ein sexueller Übergriff »unabhäng von der Art der Beziehung zwischen Täter und Opfer, auch wenn sie durch die Ehe verbunden sind« anerkannt wird.

Die französische Bewegung »collages féminicides« begann 2019, mit Botschaften an Häuserwänden Gewalt gegen Frauen anzuprangern (heute gibt es sie auch in anderen Ländern wie der Schweiz, Kanada und Deutschland).

AM 11. MAI 2011 HAT DER GROSSTEIL[1] DER EUROPÄISCHEN LÄNDER DIE ISTANBUL-KONVENTION RATIFIZIERT.

[1] Ohne die Türkei, Albanien, Großbritannien, Bulgarien, Ungarn, Armenien, Lettland, Litauen, Liechtenstein, Moldawien, Tschechien, die Slowakei und die Ukraine.

Die Ziele der Istanbul-Konvention sind:

Frauen und Mädchen zu schützen und jeglicher Form von Gewalt gegen sie vorzubeugen, indem neue Gesetze zu Schutz und Hilfe geschaffen werden.

Die internationale Zusammenarbeit zu stärken.

Die wirkliche Gleichstellung und Emanzipation der Frauen zu fördern.

Organisationen zu unterstützen und zu fördern.

FÜR DEUTSCHLAND

die 0800 222 555 in Österreich

die 052 213 61 61 in der Schweiz

0800 111 0 333 Nummer gegen Kummer für Kinder

0800 111 0 550 Nummer gegen Kummer-Elterntelefon

110 Polizei

Quellen: Auf arretonslesviolences.gouv.fr und enavanttoutes.fr findet man viele Informationen zu sexueller Gewalt, Beziehungen, Sex, Zustimmung.

EINVERNEHMLICHKEIT

Sie sagen:

»WENN EINE FRAU NEIN SAGT, HEISST DAS OFT JA.«

Leute, die immer noch nichts kapiert haben

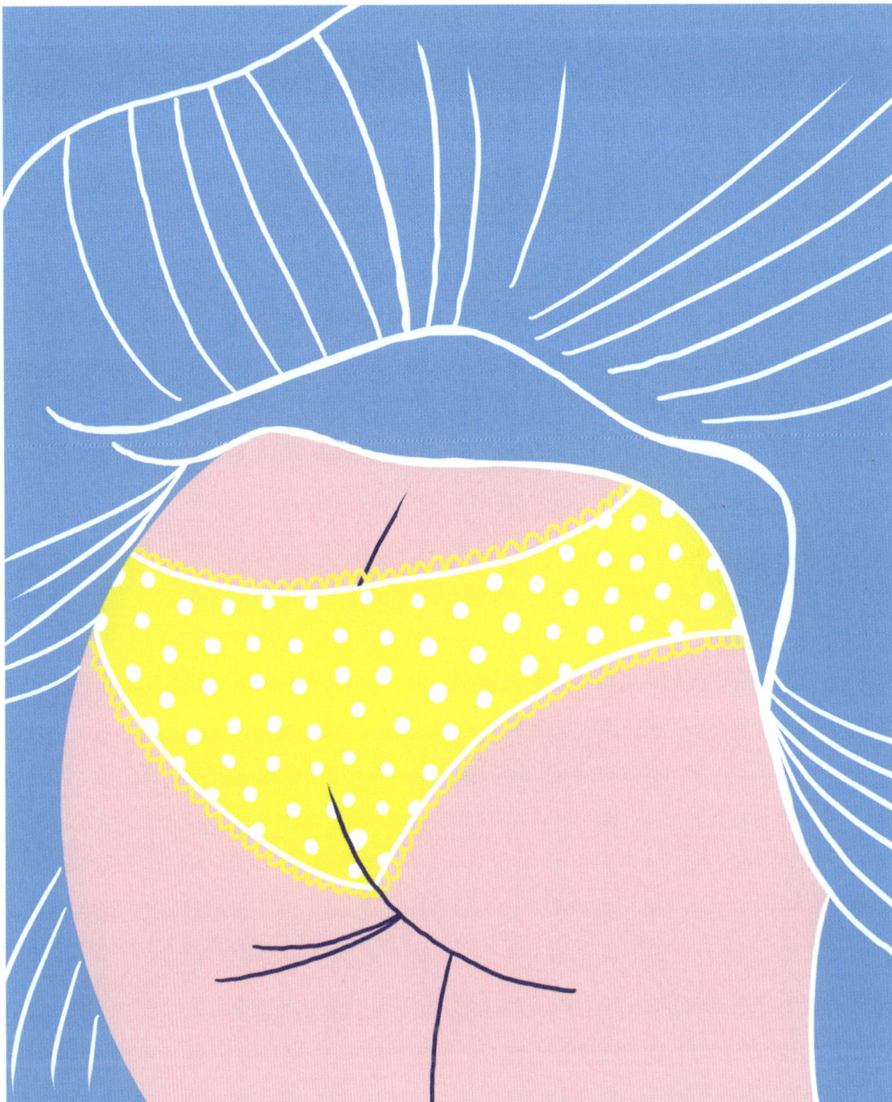

nach einem Foto
von Charlotte Abramow

Dies ist keine Zustimmung

jaaaa!
NEIN HEISST NEIN
OK?
NEIN
NEIN
yes
nicht heute Abend
NOT CONSENT

ZUSTIMMUNG
bzw. engl.
»CONSENT«

bedeutet hier, dass man dem/der Partner*in vor einer sexuellen Handlung seine aktive Einwilligung gibt.

Was bedeutet das in der Praxis?

Vor Gericht ist NEIN ein klares Signal, da gibt es keinen Interpretationsspielraum.

⚠ Bei NEIN diskutiert man nicht, um den/die andere*n umzustimmen.

Auch Schweigen, Zögern oder ein »Vielleicht« bedeuten nicht JA.

Zustimmung muss ein klares und begeistertes **JA!** sein.

=

- Vielleicht ein anderes Mal = NEIN
- NEIN (aber ich traue mich nicht, es auszusprechen)
- Ich weiß gerade nicht, was ich will = NEIN

- Ja, aber ...
- Vielleicht ...
- Zögern
- Nur wenn ...

} **NEIN**

AUCH IM RAHMEN EINES DATES
(oder Kennenlernens)...
Hallo!
Ich bin bereit!
Wow, du siehst toll aus!
AUCH WENN ER/SIE POSITIVE SIGNALE SENDET.
Bla, bla, bla...
strahlende Augen
entspannt
fasziniert
seliges Lächeln
ein Date
die Kleidung
eine vorherige einvernehmliche sexuelle Handlung
Schmatz
ein Kuss
SIND KEINE ZUSTIMMUNG, WEITERZUMACHEN!
gemeinsam schlafen
Auch eine durch DRÄNGEN, BESCHULDIGEN oder BEDROHEN erzwungene Zustimmung zählt nicht!
NEIN!
Ach, komm schon!
Sonst mach ich Schluss.
Geht schnell, versprochen!
Warum biste dann hier?
Ich sage allen, dass du Schiss hattest!
Und einen runterholen?
Das ist nicht nett, DU hast mich angetörnt!

Wer schläft, unter Drogen steht, bewusstlos oder betrunken ist, kann unmöglich seine Zustimmung geben.
Hey, schau mal ...
ZZZZZ
Und was jetzt?
Wir bringen sie nach Hause, ist doch klar!
Wenn eine*r der Partner*innen die sexuelle Handlung beenden möchte, kann er/sie seine/ihre Zustimmung jederzeit zurückziehen.
Ähm, sorry, aber ich würde lieber nicht weitermachen ...
Okay, kein Problem!
Du bestimmst das Tempo!
Danke ...
In Sachen Zustimmung gibt es also keinen »Freifahrtschein«.
JA!
Das Wichtigste ist, mit dem/der Partner*in zu KOMMUNIZIEREN.
Auf die Körpersprache des/der anderen zu achten ...
Sich der Einvernehmlichkeit zu versichern.
Und es gemeinsam zu genießen!
Juhu!
Anschauen: »Promising Young Woman« von Emerald Fennel, 2021.
Eine Tasse Tee?
Ach ... weiß nicht!
Schaut euch das Video »Zustimmung Tee« auf Youtube an, das ist eine tolle Metapher!

KÖRPER

HOW TO HAVE A BEACH BODY:

1. HAVE A BODY
2. GO TO THE BEACH

BEHAARUNG

Sie sagen:

»SÜSSE, DIE HAARE AN DEINEN BEINEN SIND ECHT EKLIG, WARUM MACHSTE DIE NICHT WEG?«

Leute, die Angst haben,
dass es kratzt

Adieu, Gillette!

1915 erfindet Gillette ein Problem, von dem viele Frauen zuvor noch nichts wussten: hässliche und unerwünschte HAARE!
Bitte sehr, damit sie noch schöner werden …
Danke, aber …
Was soll ich denn damit?
Das Modell Milady Décolleté©
Rasierer sind doch für Herrenschnurrbärte!
Wer hat was gegen MEINE Körperhaare?
Bis dahin bedeckten die viktorianischen Kleider den Körper bis zu den Knöcheln – kein Problem!
Aber ab 1900 ändert sich das weibliche Ideal.
Die Mode wird freier und unkonventioneller, man trägt ärmellose Garçonne-Kleider in Wadenlänge.
DIE Chance für die Hersteller von Rasierapparaten!

Die Werbung redet Frauen ein, sie wären mit ihrer Behaarung nicht fein (sondern schmutzig oder abstoßend) und daher nicht begehrenswert genug für die Herren der Schöpfung.

Quelle: »The Sneaky History of Why Women started Shaving« von Marlen Komar für Bustle.com.

DIE PERIODE

Sie sagen:

»HAST DU DEINE TAGE ODER WARUM BIST DU SO MIES DRAUF?«

Sehr taktvolle Menschen

Genau. Und ungeschickt
bin ich dann auch!

In der Regel ...

Sascha, warte!
Ach, lass sie, die hat sicher ihre Tage!
KLASSISCHE FILMSZENE
Wir haben so oft sexistische Sprüche über Frauen gehört, dass sie uns gar nicht mehr auffallen!
Wir achten nicht darauf, aber genau das ist
ALLTAGS-SEXISMUS
Mir reicht's!
Das ist unfair …
PERIODE
Auch das ist eine alte Geschichte! Menstruierende Frauen galten lange als UNREIN.
Schande über dich, blutende Frau!
Natürlich ist die Religion daran nicht unschuldig! Im Alten Testament steht:
Wer eine menstruierende Frau berührt, ist bis zum Abend unrein.
Nett!

EBENSO GEHT ES MUSLIMISCHEN FRAUEN.
Während ihrer Regel gelten sie als unrein und unpässlich.
Sie dürfen nicht:

BETEN — IN DIE MOSCHEE GEHEN — LIEBE MACHEN

Ganz allgemein gilt das Blut der Frauen als

SCHMUTZIG

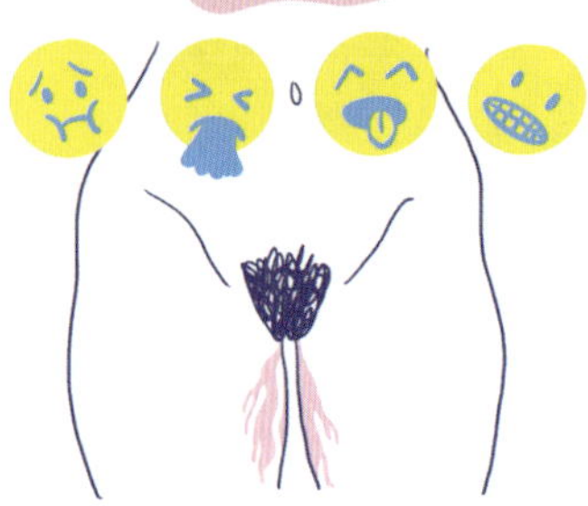

Die Periode ist verbunden mit …

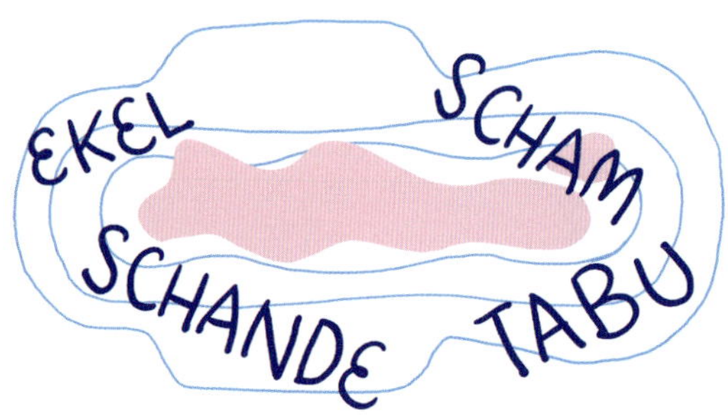

Alles soll diskret ablaufen und im Verborgenen bleiben, um es den Männern zu »ersparen«.

[1] Jemanden wegen seiner Periode zu beschämen.

[1] Das Toxische Schocksyndrom (TSS) ist ein seltenes und schweres, potenziell tödliches Kreislauf- und Organversagen. Es wird durch Bakterientoxine hervorgerufen, die bei einer Infektion mit einem Krankheitserreger in den Blutkreislauf eindringen.

Hinzu kommen noch die Kosten von Tampons, Binden, Menstruationstassen oder Periodenslips!
Wow, ich wusste gar nicht, dass es so viele Optionen gibt!
Pro Person macht das über 500 € im Jahr!
Ah, darum spricht man also von MENSTRUATIONS-ARMUT?!
Genau!
Manche Leute können sich nicht jeden Monat Tampons leisten!
Übrigens sage ich »Leute«, weil auch Trans-Männer eine Periode haben können.
Darum hat Frederique Vidal, die französische Ministerin für Hochschulbildung, allen Studierenden ab 2021 kostenlosen Zugang zu Periodenprodukten ermöglicht, indem in den Unis Automaten aufgestellt wurden.
Wenn die Regel also normal ist und nicht mehr tabu ...
... wäre das auf jeden Fall respektvoller und mitfühlender!
Alles klar!

Und die Verhütung?
Ich glaube, im Allgemeinen kümmern sich die Frauen darum, oder?
Oh ja!
Niemand mutet einem Jungen zu, ab 15 die Pille zu nehmen.
Mit allen potenziellen Nebenwirkungen: Übelkeit, Blähbauch, Akne, Gewichtszunahme, Libidoverlust, Herz-Kreislauf-Störungen …
Und selbst nach einer Entbindung …
Haben Sie sich schon überlegt, wie Sie ab jetzt verhüten wollen?
Ähm … mit Abstinenz?
… Wieder ist die Frau für die Verhütung verantwortlich, obwohl ihr Körper so viel durchgemacht hat!
Mmh…
Ich werde das nicht alles meiner Partnerin überlassen …
ES GIBT AUCH VIELE VERHÜTUNGSMÖGLICHKEITEN FÜR MÄNNER!
Kondome
Thermoslips (die die Hoden hochschieben und erwärmen)
Ebenso funktioniert der Ring oder Andro-Switch
die Hormonspritze
die Vasektomie (endgültige OP)
die Pille für den Mann
Danke für das offene Gespräch und deine Erklärungen! Jetzt weiß ich viel besser Bescheid!
War auch gar nicht so eklig …
Haha, gerne! Ich hoffe, du redest jetzt öfter mit deinen Freunden darüber!

Sie sagen:

»ES WIRD SOMMER, IHR MÜSST ABNEHMEN, UM AM STRAND GUT AUSZUSEHEN!«

Frauenmagazine

Danke für nichts!

BODY POSITIVITY …
Ist eine Bewegung, die in den 90er-Jahren entstand.
Für die Akzeptanz …
… und die Wertschätzung …
… VON KÖRPERN ALLER ART!
ALL BODIES ARE GOOD BODIES
You are Beautiful

Wie wollt ihr euch mit diesen von der Mode (und dem Patriarchat) diktierten Vorbildern identifizieren?
Es ist SOMMER!
Leila, 24 Jahre
Das hat einfach NICHTS mit der Realität zu tun!
Es ist SOMMER!
Wir sollten uns alle in unseren Körpern wohlfühlen und stolz auf sie sein!
DICK ist KEIN Schimpfwort!

THE BIGGEST LOSER
SPECIAL
Super-SCHLANK
Überall zwingt man uns das Bild eines schlanken Körpers auf, als Referenz, wie eine Frau aussehen sollte.
ABNEHMEN in 10 Tagen
GLAMOUR
ICH HATTE DADURCH SCHON ALS KIND STARKE KOMPLEXE!
Es ist wichtig, ALLE Arten von Körpern abzubilden!
DICK ist KEIN Schimpfwort!
KÖRPER UND SCHÖNHEIT SIND VIELFÄLTIG!

In den sozialen Netzwerken taucht Body Positivity in zahlreichen positiven und inklusiven Hashtags auf. Dort werden alle Körper, alle Geschlechter, Ethnien und Formen gefeiert.

Viele trauen sich, immer mehr von sich zu zeigen und ihr Anderssein zu feiern.

[1] Fat washing: Die Repräsentation von Übergewichtigen als Marketinginstrument, um im Trend zu liegen.

Zum Glück bewegt sich was bei der Repräsentation in den Medien, auch außerhalb von Instagram und der Werbung:

Aber es bleibt noch viel zu tun in Sachen Repräsentation, Sichtbarkeit und Wertschätzung der Vielfalt weiblicher (und männlicher!) Körper.

Bis dahin halten wir uns an Beyoncé:

EINE AUSWAHL VON FILMEN ZUM THEMA BODY POSITIVITY:

- Little Miss Sunshine
- I Feel Pretty
- Isn't It Romantic
- Haarspray
- Shrill
- Dumplin'
- die Serie Glow
- die Castingshow RuPaul's Drag Race

usw.

Anschauen: Die Musik von Miss Eaves (@yoeaves): »Belly Bounce« und »Thunder Thighs«
Marie Southard Ospinas Video: »What Is The Body Positive Movement?«

SEXUALITÄT

»ICH
DACHTE IMMER,
CUNNILINGUS
WÄRE DER NAME
EINER **WOLKE ...«**

DER PENISNEID

Er hat's gesagt!

»MÄDCHEN BEGINNEN SCHON SEHR FRÜH, JUNGEN UM IHREN PENIS ZU BENEIDEN, WENN SIE ERKENNEN, DASS DIE JUNGEN MIT IHREM PENIS MEHR GENUSS EMPFINDEN ALS SIE MIT IHRER VAGINA.«

Sigmund Freud, 1908

Österreichischer Neurophysiologe und Begründer der Psychoanalyse

Und die Klitoris, Sigmund?

[1] Die Ärztin Karen Horney (1885–1952) war eine deutsch-amerikanische Psychonalytikerin, die für die befreite Sexualität der Frauen kämpfte.

Sie erlebt ihre Sexualität also als defizitär im Gegensatz zu der (erfüllten) des Mannes.
SCHAM
Freud definierte sie durch das, was sie nicht hat.
POSITIV
NEGATIV
männlich > weiblich
das starke Geschlecht > das schwache Geschlecht
Aber, ähm ... und die Klitoris, Herr Freud?
Die Klitoris?
Das ist nur ein Mikropenis, der UNREIFE Befriedigung verschafft!
Eine RICHTIGE Frau kommt mit ihrer VAGINA.
Na dann ... viel Glück!
Übrigens, der Ursprung aller mit Hysterie verbundenen Traumata ...
... ist die Sexualität!
ALLES IST SEXUELL!
Ähm ... ich gehe jetzt lieber ...

Tja, wie Sie sehen, ist mein Kollege leicht besessen ...
Sex! Sex! Sex!
Dass Freud die gesamte weibliche Psyche über das Fehlen eines männlichen Geschlechtsorgans definiert, ist SEXISTISCH!
All diese neurotischen Frauen leiden nicht am Mangel eines Penis oder unterdrückten sexuellen Wünschen!
Sie leiden wegen des PATRIARCHATS,
DAS MÄNNER VERGÖTTERT
Normal!
UND FRAUEN AUF DIE ROLLE VON GEBÄRENDEN REDUZIERT, DIE DEN MÄNNERN IMMER UNTERLEGEN SIND.

Kein Wunder, dass die Ärmsten durchdrehen!
Ich habe da eine andere Theorie ...
Oh ... Dann wünschen sich also nicht alle meinen Penis?
DEN UTERUSNEID[1]
BÄÄM!
SIND VIELLEICHT DIE MÄNNER AUF DIE FÄHIGKEIT DER FRAUEN NEIDISCH, EIN BABY ZU GEBÄREN UND ZU ERNÄHREN?!
DAS IST WAHRE MACHT!
[1] Auf Englisch: »Womb envy«.

DIE FRAU: DAS GROSSE MYSTERIUM

Quellen: Stephanie Buck, »This pioneering female psychologist dismissed Freud's ›Penis Envy‹, and feminists love her for it«, auf timeline.com.

Carina Basualdo, »When a Woman Is Given a Due Status, She Is Slandered«, Artikel in der Revue du MAUSS, 2012.

Mariel Alderete de Weskamp, »Lo entrañable. De la posición femenina y del fin de análisis«, Editorial Escuela Freudiana de Buenos Aires, 2003.

DIE JUNGFRÄULICHKEIT

Sie sagen:

»DIE JUNGFRÄULICHKEIT IST DAS KOSTBARSTE GESCHENK, DAS EINE FRAU EINEM MANN MACHEN KANN.«

Typen, die denken,
es wäre Weihnachten

Soll ich das als
Geschenk verpacken?

sittsam
passiv
rein
keusch
unbefleckt
unschuldig
die berühmteste Jungfrau:
DIE JUNGFRAU MARIA
JUNGFRÄULICH
Adj. - sexuell unberührt
- noch von niemandem angetastet, genutzt, erschlossen
Wenn man das Wort »Jungfrau« bei Google eingibt, findet man noch:
»Woher weiß man, ob ein Mädchen Jungfrau ist?«
»Video, wie man wieder Jungfrau wird.«
»7 Gründe, bis zur Ehe Jungfrau zu bleiben.«
»Wie schläft man mit einer Jungfrau?«
Hmmm, komisch, ich dachte, das wäre heute kein Thema mehr!
Anscheinend beschäftigen sich noch viele Leute damit!
Wie das Wort schon sagt ...
... ist Jungfräulichkeit in den patriarchalischen Gesellschaften eine hauptsächlich weibliche Angelegenheit.
BEI EINER TRAUUNG HÖRT MAN SELTEN:
Psst!
Haben Sie geprüft, ob der Ehemann Jungfrau ist?
Selbstverständlich, ich habe mich persönlich vergewissert!
Aber WARUM?
Wo doch in den meisten religiösen Texten steht, dass beide Ehepartner Jungfrau sein sollen?
IST DAS MAL WIEDER SEXISMUS?

IN DER TAT!
Darum geht es:
1. Geburtenkontrolle
2. Vaterschaftsgarantie für den Ehemann
3. Befriedigung des männlichen Wunsches nach sexueller Dominanz
Was ist mit Vertrauen?
HA! HA!
Geniale Idee!
Jetzt fehlt nur noch, dass sie mit ihrem Körper machen können, was sie wollen!
Was denn?
In vielen Religionen wird die Frau vom Mann erschaffen. Und darauf sind wir sehr stolz!
Warum auch nicht?
Wir dürfen uns ja wohl vergewissern, dass sie uns nicht anlügen ...
Wäre peinlich!
Hier klingt es lustig, aber eigentlich ist es wirklich schrecklich!
HORROR
In Somalia ist es noch immer Tradition, die Klitoris und die Schamlippen kleiner Mädchen herauszuschneiden und dann die Vulva zuzunähen, um ihre Jungfräulichkeit zu garantieren.

Quelle: Yvonne Knibiehler, »La Virginité féminine: mythes, fantasmes, emancipations«, Odile Jacob, 2012.

PUNKT

DIE WEIBLICHE LUST

Sie sagen:

WIE, DU KOMMST NUR, WENN ICH LECKE?

Typen, die
ihren Penis für einen
Zauberstab halten

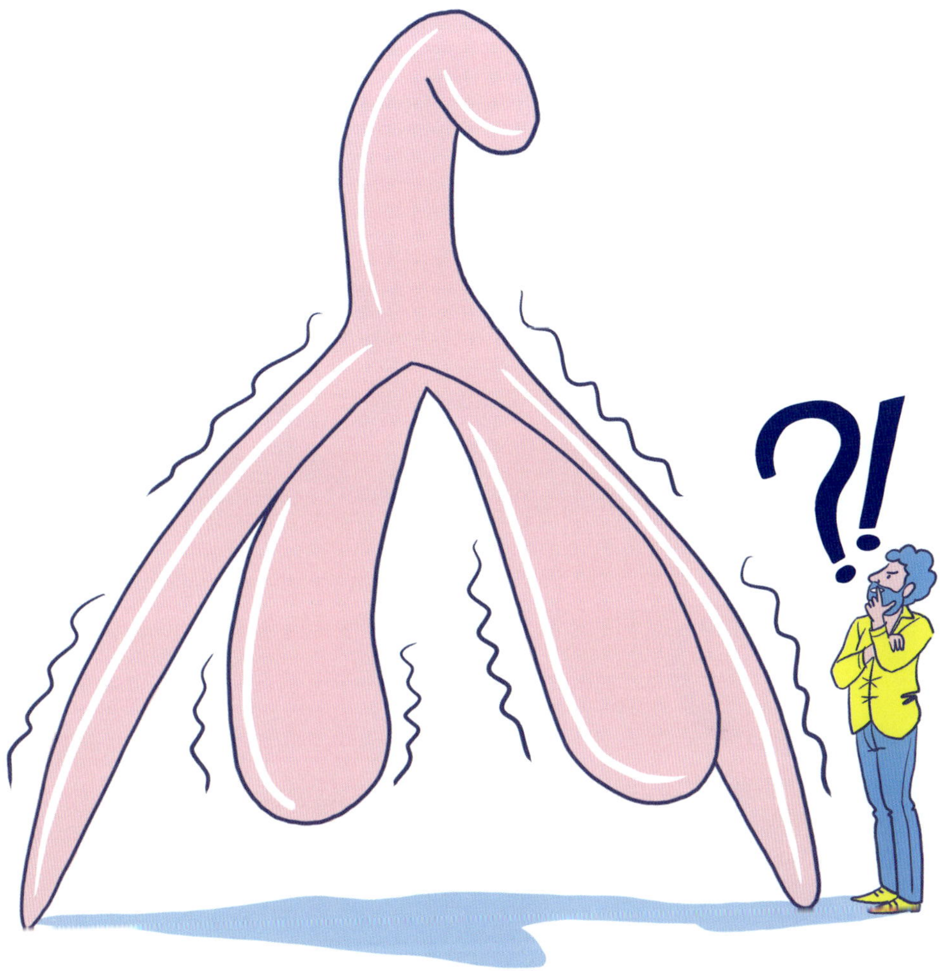

Gebrauchsanweisung
gefällig?

PUNKT G
PUNKT G
PUNKT G
PUNKT G
PUNKT G
PUNKT

Auch wegen Freud kämpfen wir noch immer gegen den Mythos, der vaginale Orgasmus sei der »richtige« ...
... der bessere, der respektablere!
Autsch!
Laurie Mintz, US-amerikanische Sexualwissenschaftlerin und Psychologin
In Wirklichkeit ...
Klitoris
große Schamlippen
Harnröhre
kleine Schamlippen
Vagina
DER GROSSTEIL DER FRAUEN KOMMT NUR DURCH STIMULIERUNG DER KLITORIS ZUM ORGASMUS.[1]
[1] Gemeint sind hier Personen mit weiblichen Geschlechtsorganen.
Nur 20% erreichen den Orgasmus bei vaginaler Penetration.
Gegenüber 80% bei Stimulation der Klitoris!

Jetzt bin ich beruhigt. Sex ist also nicht nur das hier?!
Ziemlich »lame«, wenn ihr mich fragt!
NEIN, zum Glück! Das Eindringen ist NICHT UNBEDINGT das Wichtigste beim Geschlechtsverkehr.
Das kann für manche so sein, aber wir sind alle verschieden.
Geschlechtsverkehr kann auch ganz ohne ein Eindringen befriedigend sein!
Da gibt es Streicheln,
Fellatio,
Cunnilingus,
Tantra,
Masturbation,
Küsse,
Sexspielzeug,
zärtliche und erregende Worte
und vieles mehr!
Uff! Ich dachte schon, mit mir stimmt irgendetwas nicht!
Und, ähm ...
Endet Geschlechtsverkehr mit jemandem, der einen Penis hat, immer mit einem Samenerguss?
NEIN, natürlich nicht!
Er endet, wann du willst!
Ein Erguss ist kein Muss?
Nein!
Übrigens komme ich manchmal auch ohne Erguss!
Echt?
Ich wusste gar nicht, dass das geht!

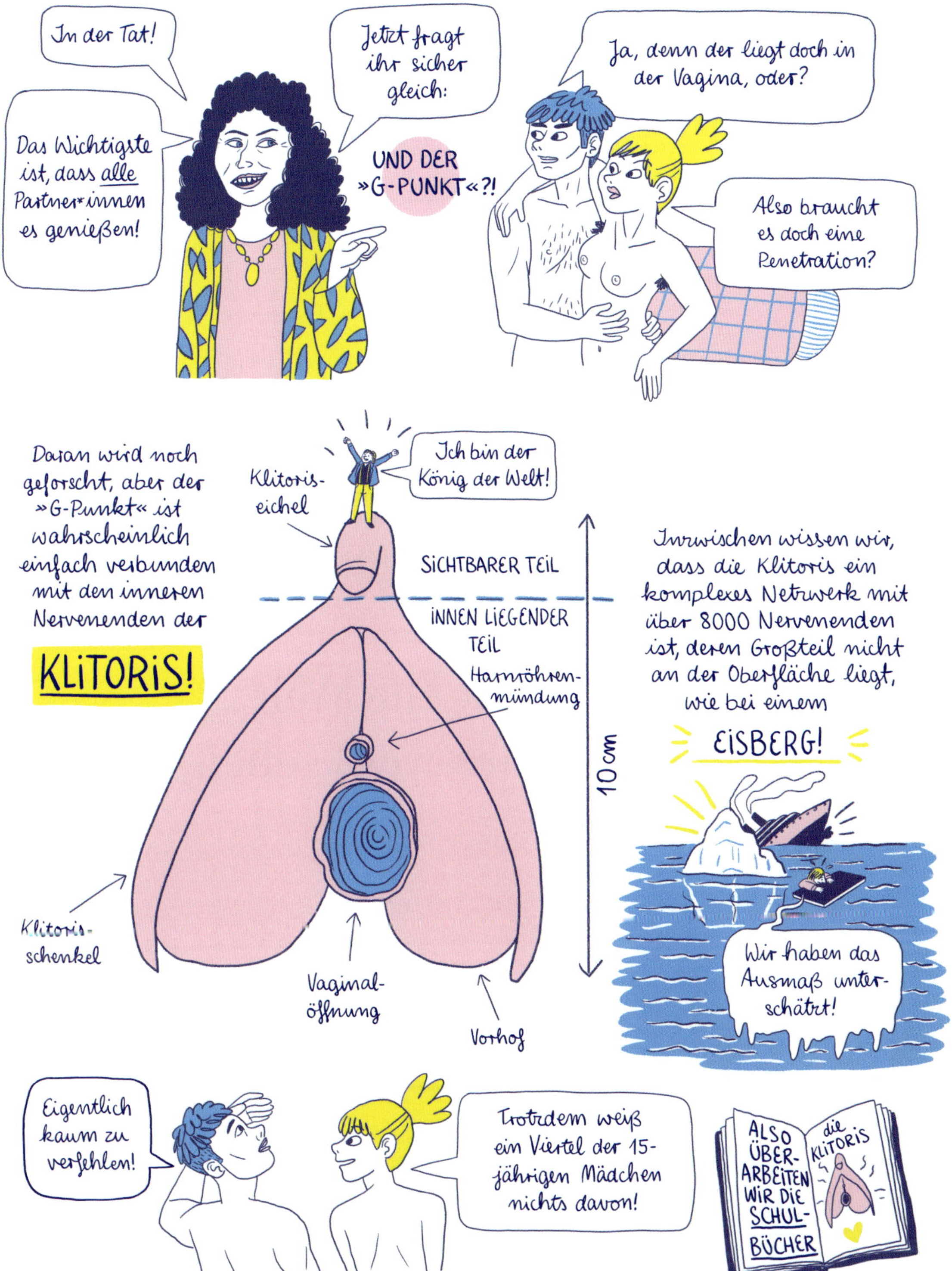

Quelle: Ginger Wojcik, »23 Vagina Facts You'll Want to Tell All Your Friends« auf healthline.com.
Laurie Mintz, »A new sexual revolution for orgasm equality«, auf TEDxUF.
Lili Sohn, »Vagin tonic, entre mes lèvres mon clitoris«, Casterman, 2018.

DIE SEXUELLEN ORIENTIERUNGEN

Sie sagen:

»DER STEHT TOTAL AUF ROSA! IST DAS NICHT WAS FÜR SCHWULE?«

Leute, die die Welt
nur schwarz-weiß sehen

Das Leben in Regenbogenfarben

Vor langer Zeit, im antiken Griechenland, war Bisexualität ganz normal.
Zumindest eine bestimmte Art von Bisexualität, die reglementiert und Männern der oberen Schichten vorbehalten war.
In einer patriarchalischen und sexistischen Gesellschaft!
Na, alles easy?
Hi Hi!
Selbst in einer erzpatriarchalischen Gesellschaft …
… waren Gefühle und sogar Verlangen für eine Person des gleichen Geschlechts okay.
FRAU
= MUTTER
= EHEFRAU
MANN
= BÜRGER
JUNGER MANN
= ZUKÜNFTIGER BÜRGER
= OBJEKT DER BEGIERDE
Ehemann
Liebhaber und Lehrer
Aber auch heute noch halten …
… manche Leute Homosexualität für eine Sünde, eine Krankheit, eine sexuelle Perversion, die man heilen muss!
Ja, es gibt sie noch!
Die HOMOPHIE.
Und seit 2010 nimmt sie sogar deutlich zu …

SEXUELLE ORIENTIERUNGEN

weiblich · männlich · inter · trans* · agender · nichtbinär

HETEROSEXUALITÄT (Anziehung zu Personen des anderen Geschlechts)

SCHWUL / LESBISCH

HOMOSEXUALITÄT (Anziehung zu Personen des gleichen Geschlechts)

BISEXUALITÄT (Anziehung zu Personen beider Geschlechter)

POLYAMORIE (Liebesbeziehung zu mehr als einer Person gleichzeitig)

Diese Liste ist nicht vollständig!

ASEXUALITÄT (Liebesbeziehung ohne Sex)

AROMANTIK (fehlende romantische Anziehung; mögliche sexuelle Anziehung)

PANSEXUALITÄT (Anziehung zu Personen unabhängig von ihrem Geschlecht, ihrer Geschlechtsidentität oder ihrer sexuellen Orientierung)

NATÜRLICH KANN MAN SEINE SEXUELLE ORIENTIERUNG IM LAUFE SEINES LEBENS ÄNDERN.

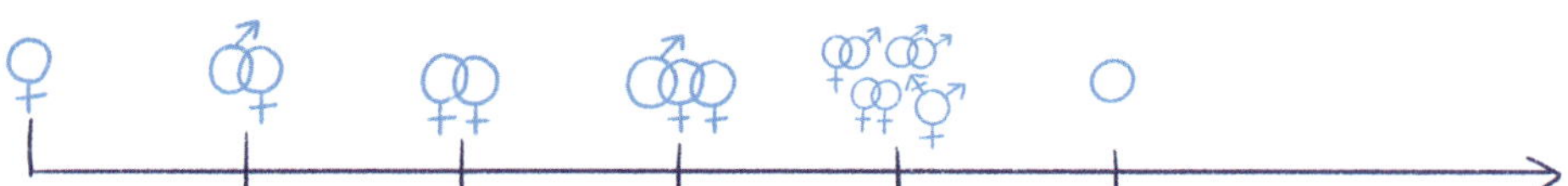

Nichts ist festgelegt und nichts muss endgültig sein!

Binarität limitiert …
Man muss eine Wahl treffen.
Aber man wählt nicht, wen man liebt!
Und wen geht das überhaupt was an?
HETEROSEXUELL
HOMOSEXUELL
Außerhalb der zwei großen Kategorien hetero/homo …
… kann man sich auf seine Gefühle konzentrieren …
… und darauf hören!
HETERO
HOMO
Alle leben ihre Sexualität, wie sie es möchten.
Ohne sie benennen oder sich einer Gruppe anschließen zu müssen.
Einer Gruppe oder Community anzugehören kann aber sehr wichtig und bestärkend sein und helfen, sich zu akzeptieren – das ist sehr viel wert!
Was zählt, ist, wie man sich fühlt!
PROUD TO BE GAY!

VORSICHT, VERWECHSLUNGSGEFAHR:

GESCHLECHTSIDENTITÄT
(empfunden)
Mann / Frau / nichtbinär

GESCHLECHT
(Genitalien)
mänlich / weiblich / intergeschlechtlich

AUSSEHEN
(Geschlechtsausdruck)
männlich / weiblich / queer / divers

SEXUELLE ORIENTIERUNG
Mit welchen Personen ich sexuelle Beziehungen führe.

ROMANTISCHE ORIENTIERUNG
Zu welchen Personen ich Gefühle entwickle.

CIS / TRANS

Zum Beispiel:

PÉNÉLOPE & SAMIRA

Quelle: Margot Delévaux, »Sexualité, les nouvelles générations refusent de rentrer dans les cases«, auf letemps.ch.

Lesen: Myriam Daguzan Bernier, »Unverblümt! Klare Fakten zu Sex und Aufklärung«, aus dem Französischen von Maren Illinger, Fischer Sauerländer, 2020.

MUTTERSCHAFT

»WENN **MUTTERSCHAFT EINFACH** WÄRE, WÜRDEN SICH DIE **MÄNNER** DARUM **KÜMMERN**.«

DER MUTTERSCHAFTSURLAUB

Sie sagen:

»MUSS SCHÖN SEIN, SO VIEL ZEIT FÜR SICH ZU HABEN!«

Leute, die glauben,
es hätte tatsächlich was
mit Urlaub zu tun

Willkommen auf der Party!

VOR DER GEBURT:

NACH DER GEBURT:

»Urlaub«, soll das ein Witz sein?
Ich habe eher das Gefühl, ich hab meinen Job gegen einen 1000-mal schwereren eingetauscht!
168 WOCHENSTUNDEN (statt 40 Stunden)
AM TAG
UND BEI NACHT.
OHNE FEIERTAGSZUSCHLAG!
Bitte, bitte, schlaf!
Wuuääh!
Wuuääh!
Man muss alles erst lernen, und dazu kommen ...
der Babyblues ...
die mentale Last ...
die Wochenbettkomplikationen ...
der Verlust des beruflichen Status ...
05:08
Genau dann entsteht ein Ungleichgewicht in der Beziehung.
ZZZZZZ
Wenn die Mutter sich nach der Geburt allein um das Baby kümmern muss.
Dann bis heute Abend, meine Süßen!

Lesen: Laura Bates, »Pregnant Then Screwed«, theguardian.com, 2019.

Nach einigen Monaten Mutterschaftsurlaub oder Elternzeit:
Jetzt fang ich wieder an!
Bis heute Abend, Baby!
Aber … wo sind denn meine Stufen?
!?
Keine Ahnung … müssen wohl neu gebaut werden.
Du warst ja auch lange weg!
Diese Karrierepause rechtfertigt auch die Gehaltsunterschiede zwischen Männern und Frauen.
DIE BABYGEBÜHR
So werden Mütter in ihrer Karriere gebremst und neigen eher als Männer dazu, in Teilzeit zu gehen, um sich um die Kinder zu kümmern …
Seltsam, dass es kaum Frauen in Führungspositionen gibt …
Die sind wohl nicht gut genug …!
Gehalt
Baby 1
Baby 2
Baby 3
Vater
Mutter
0
20
30
40
50
60
Alter
Mit höherem Alter und mehr Kindern wird der Abstand noch größer.
Moment … Ich bin ein paar Monate weg, um mich um UNSER Kind zu kümmern …
Warum soll ICH deswegen benachteiligt werden?
Na, es ist doch Ihre persönliche Entscheidung! Niemand zwingt Sie, ein Kind zu bekommen!
Jetzt müssen sie die Konsequenzen tragen!

Na toll!
Wir werden also nicht nur beruflich gebremst, sondern müssen auch mit weniger Geld leben.
Als würde nur ICH davon profitieren, dass wir ein Kind haben!
Oh ja, leider …
Im Falle einer Scheidung oder beim Renteneintritt erhalten sie viel weniger als ein Mann.
Das ist nun mal so …
Ganz zu schweigen von den Frauen von Bauern oder Händlern, den Hausfrauen …
Die arbeiten ihr Leben lang für ihren Mann und die Gesellschaft, erhalten aber weder Lohn noch soziale Absicherung …
Tja, sieht schlecht aus!!
Und da den Frauen in unserer patriarchalischen Gesellschaft immer schnell Vorschriften gemacht werden … wenn sie ihre Arbeit doch wieder aufnehmen:
NEUES PROJEKT
Bla, bla, bla
Die soll sich lieber um ihr Kind kümmern!
Warum leitet die dieses große Projekt?
Die sieht müde aus …
Sie geht doch immer schon um 17 Uhr!
Letztendlich werden Frauen immer verurteilt und tragen weiterhin die mentale Last, sogar bei der Arbeit!
Dass muss sich DRINGEND ändern!
Anschauen: Die Serie »Workin' Moms«.
Quelle: Martine Blouin und Stéphanie Hérant, »L'égalité salariale entre les femmes et les hommes est un long chemin«, INSEE-Analysen Nr. 43 und 44.

DAS STILLEN

Sie sagen:

»BEDECKEN SIE IHRE BRUST, DIE WILL ICH NICHT SEHEN (BEIM STILLEN)!«

Leute in der Öffentlichkeit

Sorry,
das Baby geht vor!

2018 ging ein Video aus Mexiko viral, in dem eine Frau in der Öffentlichkeit stillt.
STILLEN
Bedecken Sie sich, wenn Sie in der Öffentlichkeit stillen!
IHRE REAKTION
Bitte!
...
Ha ha ha
Geniale Idee!
Wenn man eine stillende Mutter auffordert, sich zu verstecken oder zu Hause zu bleiben ...
... sagt man damit, der Platz der Frauen (und besonders der Mütter) wäre nicht in der Öffentlichkeit ...
... sondern zu Hause!
Um für den Mann zu putzen und zu kochen ...
Wie früher!
Die (patriarchalische) Gesellschaft sexualisiert den weiblichen Körper.
Und schreibt Frauen vor, was sie tun und lassen sollen.
Wir sind so daran gewöhnt, dass wir es nicht mehr merken!
Der weibliche Körper ist ein Objekt, das den männlichen Blicken ausgesetzt ist.
Darum soll er sich ihren Wünschen anpassen!

Man soll den Männern zuliebe genug zeigen, aber nicht zu viel, weil es sonst »nuttig« aussieht.

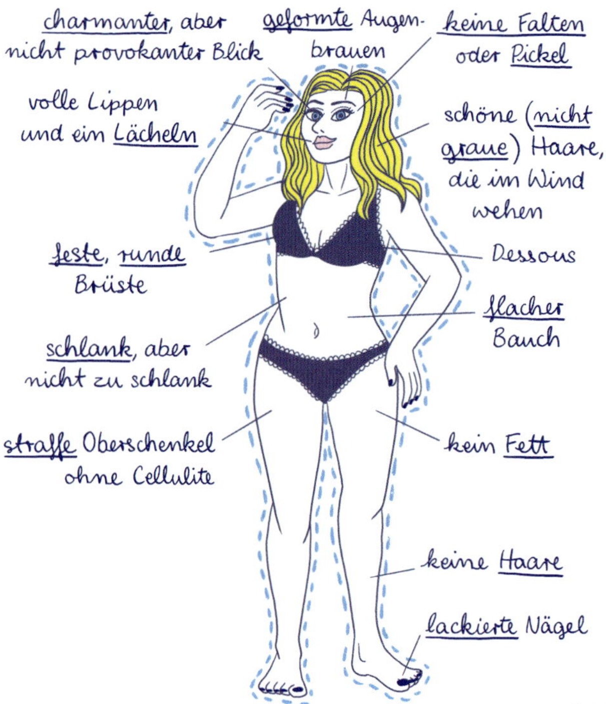

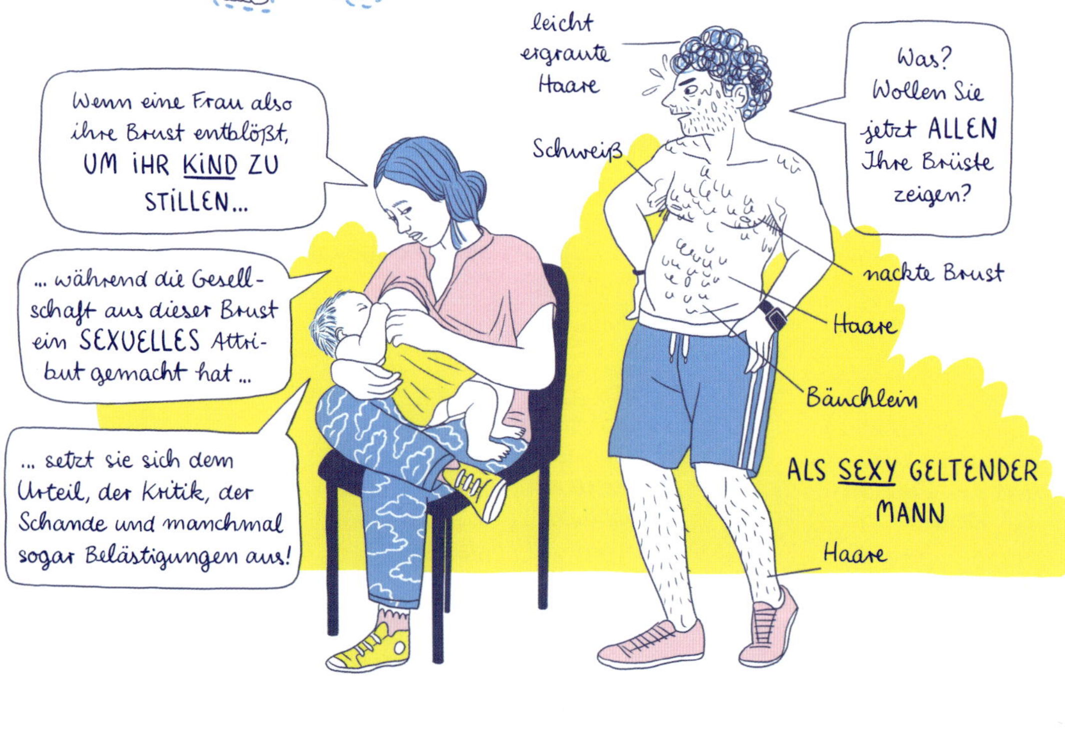

Was Frauen auch tun, ob sie Mütter sind oder nicht – sie sind dem Urteil der Gesellschaft und aller Menschen ausgesetzt, die sich berechtigt fühlen, ihre (vermeintlich »hilfreiche«) Meinung darüber abzugeben, was sie tun sollen und was nicht.

Und damit sind nicht nur Männer gemeint, ganz im Gegenteil!

Können wir bitte aufhören, die Körper von Frauen (und einfach aller Menschen) zu kommentieren und sie

ENDLICH IN RUHE LASSEN?

DIE VATERSCHAFT

Sie sagen:

»EIN KIND BRAUCHT VOR ALLEM SEINE MUTTER.«

Leute, die glauben,
Papas wären nur Deko

Vollzeitpapa

Heute sind wir vom Patriarchen, dem Vatermodell der 1950er, weit entfernt.

Das ultrastrenge Familienoberhaupt, das über Frau und Kinder herrscht und es der Mutter überlässt, sich um Kindererziehung, Essen und Haushalt zu kümmern.

Dieses Modell hat sich weiterentwickelt. Infolge der zweiten Welle des Feminismus, die Gleichstellung innerhalb der Familie forderte, entstanden in den 1970ern die »neuen Väter«.

Im 21. Jahrhundert haben sich die Familienmodelle stark verändert und sind nicht mehr so heteronormativ!

Auch wenn mehr Gleichheit herrscht, neigen wir noch zu der Ansicht, Kinder wären Frauensache …
Die (nicht trans*) Partner*innen können zwar kein Baby austragen oder stillen, aber alles andere schon.
Sie können das Baby mit abgepumpter Muttermilch füttern, während die Mutter arbeitet.
Ich genieße diese Bindung auch.
Unser Baby braucht uns beide.
Und ich brauche die Zeit für mich!
Welche Rolle haben also die Väter …
… oder Partner*innen nach der Geburt?
In Frankreich dauert der voll bezahlte Vaterschaftsurlaub 28 Tage.
Gegenüber 112 Tagen Mutterschaftsurlaub.
Die Höhe der Vergütung variiert von 70 bis 100% des Gehalts.
In Europa sind diese Zahlen sehr unterschiedlich.
Es kann daher für Paare schwierig sein, auf einen oft großen Teil des Einkommens zu verzichten.
14
14
35
15 Wochen
14
14
28 TAGE
14
7
35
112
USA = 0!!
Finland = 164 Tage
Spanien = 112 Tage zu 100%
Schweden = 12 bis 78 Wochen
Griechenland = 2 Tage
Norwegen = mindestens 10 Wochen
Deutschland = 15 Wochen
Zahlen aus dem Jahr 2021

VATERSCHAFTSURLAUB, UM ...

Außerdem will ich die ersten Momente auch miterleben!
Sein erstes Lächeln!
Und ich will die Aufgaben 50/50[1] mit der Mutter teilen.
Ja, denn die Mutter gilt allzu oft selbstverständlich als die Zuständige.
[1] Achtung, das ist eine Utopie.
Vor allem beim Gesundheits- und Erziehungspersonal.
Und wer sind Sie, mein Herr?
Na ... der Papa!
SYLVIE
DURCH EINEN GLEICH LANGEN MUTTER- UND VATERSCHAFTSURLAUB KÖNNTEN BEIDE ELTERN IHRE ROLLE FINDEN.
Ich wechsle die Windel.
Nein, ich bin dran!
Pups!
Sie könnten eine bessere Beziehung zum Baby aufbauen.
Alle meine Entchen ...
Ich glaube, sie hört lieber Bob Dylan ...
Oder die Beatles?
Und die Aufgaben im Haushalt viel gerechter aufteilen.
Ach, du hast die Fläschchen gespült?!
Yep!
Dann mach ich die Wäsche!

Die Zeit nach der Geburt kann für die Mama, aber auch den/die Partner*in sehr schwer sein und die Beziehung belasten.
10 bis 15% der Frauen leiden in den ersten zwei Jahren nach der Geburt an einer postnatalen Depression. 10% der Partner*innen sind ebenfalls betroffen.
Es gäbe sicher viel weniger Schwierigkeiten im Wochenbett, wenn die Frauen nicht mit dem Baby allein zu Hause wären!
Haushaltshilfe, Doula oder Hebamme
Elternteil zur Unterstützung
Partner*in in Elternzeit
Also geben wir dem Elternpaar die Chance, die Herausforderung gemeinsam zu meistern!
Challenge accepted!
FREIHEIT, GLEICHHEIT, BABYZEIT!
Pssssst!
Können wir auch aufhören, uns über Hausmänner lustig zu machen?
Das macht aus meiner Frau keine schlechte Mutter.
Und aus mir keinen weniger »männlichen« Mann, okay?

DON'T GIVE UP THE FIGHT

ODER WIE MAN DEN FEMINISMUS VORANTREIBT

Solidarität

LASST UNS FÜREINANDER DA SEIN

Brüderlichkeit? Und was ist mit den Frauen?
Liberté • Égalité • Fraternité
RÉPUBLIQUE FRANÇAISE
Das französische Motto …
Es entstand während der Französischen Revolution 1789, ebenso wie die Erklärung der Menschen- und Bürgerrechte, die Basis unseres heutigen Regierungs-, Rechts- und Sozialsystems.
Grundkonzepte, bei denen die Hälfte der französischen Gesellschaft ausgeschlossen wird!
Die Frauen, Bürgerinnen, Schwestern.
Sie sollen sich bei den Begriffen »Mann«, »Bürger« und »Brüderlichkeit« mitgemeint fühlen und sich in der Marianne wiedererkennen.
Schon ironisch, wenn man mal drüber nachdenkt: eine Frau, halb nackt (warum?), Symbol einer Republik, die es nicht für nötig hält, Frauen in ihren Grundsatztexten zu erwähnen …
Das ist also die Ausgangssituation …
Verständlich, dass Männer sich organisieren, sich gegenseitig unterstützen und Bruderschaften gründen, und es Frauen schwerfällt, ihren Platz in alldem zu finden …
Chloé Delaume, Autorin von »Mes bien chères soeurs«, éditions du Seuil, 2019:
Hurra! Wir erleben einen historischen Moment.
Das Internet hat es den Frauen ermöglicht, solidarisch zu werden …
IN DEM BEWUSSTSEIN, DASS SIE EIN WIR BILDEN!
Ein buntes WIR.
Ein WIR mit MIR.
Wir werden als FRAUEN wahrgenommen und auch so behandelt.
FRAU
FRAU
Das haben wir alle gemeinsam.
KONFORM
MÄDCHEN
ZERTIFIZIERT

SCHWESTERLICHKEIT
Stärker und geeinter werden wir durch ...
Männer berufen sich auf Brüderlichkeit, um sich zu verbünden – warum sollten Frauen das nicht auch tun?
Klassische Film- oder Serienszene:
Solidarität ist jedoch nicht selbstverständlich ...
Finger weg von meinem Kerl!
Du hast ihn mir geklaut!
N***e!
Sch****e!
Es ist im Interesse der patriarchalischen Gesellschaft, Rivalität zu schüren, um Frauen leichter zu kontrollieren.
Wie können Frauen solidarisch sein, wenn sie den Regeln einer Männerwelt folgen müssen?
Und doch!
Ich liebe euch!
Freundschaft, Schwesterlichkeit ist die BASIS!
Gemeinsam sind wir STÄRKER.
WIR KÖNNEN UNS ZUSAMMENTUN.
ICH GLAUBE DIR
STOP FEMINICIDES
NIEDER MIT DEM PATRIARCHAT
KEINE EINZIGE MEHR
#NOUSTOUTES
@noustoutes.org
EINANDER HELFEN
Komm mit zu mir ... und bleib, solange du willst!

EINANDER ERMUTIGEN.
Los, bewirb dich! Du kannst das!
Ich weiß nicht …
EINANDER BESTÄRKEN.
Wow!
😍😍😍
Toll! ♡
Wunderschön!
🔥🔥
EIN TRAUM!
EINANDER ZUHÖREN.
Ich bin ziemlich frustriert …
EINANDER UNTERSTÜTZEN.
Zum Glück sieht man in den Medien immer mehr Schwesterlichkeit …
Auch wenn sie leider noch oft mit Hass beginnt …
Wie zum Beispiel in Folge 7 der zweiten Staffel von »Sex Education[1]«. Als eine junge Frau im Bus sexuell belästigt wird, schließt sich eine ganze Gruppe zusammen, um sie zu unterstützen.
[1] Serie von Laurie Nunn aus dem Jahr 2019
Ob im Internet oder auf der Straße …
Solidarität gibt uns Kraft und eine starke Stimme, damit wir als ein WIR gehört werden.
Und für alle nicht-binären Personen, die sich in diesen geschlechtsspezifischen Konzepten nicht wiederfinden …
… gibt es den Begriff
ADELPHITÄT
Ein Synonym für »Geschwisterlichkeit«.

Erziehung

WEG MIT DEN KLISCHEES

In Frankreich ist es ein Grundprinzip der Schule, Mädchen und Jungen die gleichen Chancen zu garantieren.
GEMISCHTE STAATLICHE SCHULE
Hey, wusstest du, dass Jungen und Mädchen früher nicht in derselben Schule waren?
Echt?
Wie seltsam …
Ja … Die Mischung ist erst seit 1975 Pflicht!
Aber: Mischung heißt nicht Gleichheit.
Leider sind Geschlechterstereotype in der Schule ebenso präsent wie anderswo.
Wodurch ein Ungleichgewicht zwischen Mädchen und Jungen entsteht.
Beispiel:
MÄDCHEN
redet viel
brav
Mag rosa und Prinzessinnenkleider
Kann gut zeichnen
schlecht in Sport
bessere Noten
JUNGE
Mag Fußball
laut
Mag Raufereien
handwerklich begabt
gut in Mathe und Informatik
Stereotype beeinflussen Lehrer*innen, die wiederum die Kinder beeinflussen.

Lehrer*innen neigen zum Beispiel dazu, zu frechen Mädchen strenger zu sein, weil sie erwarten, dass Mädchen braver sind als Jungen.
SOPHIE! Was fällt dir denn ein?

Geschlechterstereotype werden auch in den Schulbüchern vermittelt.
Durch sexistische Darstellungen von Familie oder von Berufen, zum Beispiel.
Man muss lernen, die Stereotype zu erkennen.
Und sie systematisch abbauen!
MÄDCHEN
GUT IN DER SCHULE
SCHLECHT IN MATHE
NICHT WITZIG
ROSA
BRAV
PRIN-ZESSIN
MUSS SCHÖN SEIN
SCHLECHT IN SPORT
Stereotyp-Mülleimer

Wenn Kinder lernen, Unterschiede zu akzeptieren und zu schätzen, entsteht mehr Hilfsbereitschaft und Toleranz unter ihnen.
Es lebe die neue Generation!
Wow, du kannst aber toll zeichnen!
Bringst du mir das bei?
Na klar!
Wenn du willst, zeig ich dir, wie man dribbelt!
Nein, danke, ich hab keine Lust auf Sport ...

Quellen: Azza Karam, »Education as the Pathway towards Gender Equality«, auf un.org. Julija Meilunaite, »Comment éduquer à l'égalité des sexes?« für stéréotypes stéréomeufs.

Das Empowerment junger Frauen

LOS, MÄDCHEN!

EMPOWERMENT
WAS IST DAS?
Wörtlich übersetzt:
ERMÄCHTIGUNG
Und bedeutet »(wieder) die Macht übernehmen«.
ICH
Selbst entscheiden.
Sein Leben in die Hand nehmen.
Sich frei machen von Geschlechter-stereotypen, der Meinung anderer.
Was?
Meine Prinzessin!
Danke, aber ich brauche dich nicht!
Seine persön lichen Ziele verfolgen.
LIFE GOAL
An sich glauben!
Du bist die Beste!
Natürlich kann man zum Empowerment anderer beitragen, indem man sie unterstützt.

Das Empowerment junger Frauen ist wichtig und notwendig, denn sie trauen sich noch zu wenig, sich auszudrücken und Männern gegenüber ihren Platz einzunehmen.

Schluss mit:

Sie müssen sich berechtigt fühlen zu sagen, was sie denken und empfinden, ohne Angst, ERNIEDRIGT, SEXUALISIERT, VERSPOTTET, »UNCOOL« GENANNT oder ignoriert zu werden.

[2] Wörtl.: Die Straße gehört uns.

[1] Formulierung von @collages_féministes

Dieses Empowerment findet auch über ihre Repräsentation in den Medien statt.

Erfolgreiche Mädchen und Frauen zu sehen, auch auf hohen Posten, und in jeder sozioprofessionellen Kategorie weibliche Vorbilder zu haben ist extrem wichtig.

Katalin Karikó
Biochemikerin, deren Technologie die Covid-19-Impfstoffe ermöglichte.

Momiji Nishiya
Skateboarderin, 2021 jüngste Olympiasiegerin aller Zeiten.

ALSO,

GO GiRLS!

(Einige) Mächtige Frauen

Inklusive Sprache

EINER FÜR ALLE
UND ALLE FÜR **EINE**!

Quelle: »Guide du langage non sexiste« auf madmoiZelle.com.

Anschauen: Noémie de Lattre, »Un autre monde et d'autres mots«, TEDx, 2020.

Ökofeminismus

EIN GEMEINSAMER KAMPF GEGEN DAS PATRIARCHAT

Der ÖKOFEMINISMUS wurde 1972 von Françoise d'Eaubonne begründet.
Als Feminist*innen haben wir nicht nur ein einziges Ziel.
Die Zukunft des Planeten ist auch eine Priorität!
Der Begriff Ökofeminismus ist die Verbindung von Ökologie und Feminismus.
Die Frauen und die Natur sind Opfer der männlichen Herrschaft.
Françoise d'Eaubonne, Schriftstellerin und Essayistin. 1920-2005
ZERSTÖRT DAS PATRIARCHAT NICHT DEN PLANETEN
THERE IS NO PLANET B
Keine ökologische Revolution …
… ohne feministische Revolution!
Diese geistige Strömung erforscht und bekämpft die kapitalistische Gesellschaftsordnung, die Frauen ebenso unterwirft und ausbeutet wie die Natur
kapitalistisches Betriebssystem
Atomkraft
Massen-tourismus
übermäßige Nutzung natürlicher Ressourcen
Ich bin das Zentrum des Universums
Verschmutzung
intensive Landwirtschaft
Kontrolle über den weiblichen Körper

Françoise d'Eaubonne beschuldigt also die Männer (nicht die Menschen) der Zerstörung der Natur durch ihre HERRSCHAFT.
¡CH?!
Ihrer Meinung nach sind die feministische Revolution und die Geburtenkontrolle durch die Frauen die einzigen Mittel gegen die Männerherrschaft.
Hopp!
ZUGANG ZU VERHÜTUNG UND ABTREIBUNG
=
Frauen von Hausarbeit befreit. Sie haben endlich Zeit und die Moglichkeit, sich in die Gesellschaft einzubringen, indem sie arbeiten und sich politisch engagieren.
Françoise d'Eaubonne glaubt, die Natur würde ebenso wie die Frauen vom Ende dieser Herrschaft profitieren.
Achtung! Sie ruft nicht zum Geschlechterkampf auf, sondern zu Pazifismus, Gewaltlosigkeit und Harmonie mit der Natur.
Entschuldigt die so binäre und karikaturistische Darstellung ... Das alles war in den 1970ern!
Seither hat sich einiges geändert, aber der Kapitalismus und die Männerherrschaft nicht ...
Auch nicht die Klimaerwärmung und der ökologische Notstand!
Mit anderen Worten: Françoise d'Eaubonnes Theorien sind heute aktueller denn je!!

Am 8. März 2019 twittert Greta Thunberg:

IST ÖKOLOGIE ETWA FRAUENSACHE?

Schon kleinen Mädchen wird mehr als kleinen Jungen beigebracht, sich um andere Menschen, Dinge und die Natur zu kümmern.

Darum machen sich kleine Mädchen mehr Gedanken um andere und die Umwelt.

Später fühlen sie sich mehr verantwortlich, im Alltag umweltfreundlich zu handeln.

Sie tragen also zusätzlich zur mentalen Last auch die Umweltlast und recyceln mehr als Männer.

Sie kochen auch mehr, machen sich mehr Gedanken, was ihre Kinder essen, und geben sich mehr Mühe, ihnen gesunde Bio-Lebensmittel anzubieten.

Quelle: Alexandre Shields, »Les femmes sont les premières victimes des changements climatiques«, für ledevoir.com, 2017.

Quelle: Marine le Breton, »Avec l'écoféminisme, l'avenir des femmes et de la planète n'a jamais été aussi lié«, für huffingtonpost.fr.

Anschauen: »Ökofeminismus«, Kreatur Nr. 8 auf arte.tv.

Eine neue Heterosexualität

SCHLUSS MIT ÜBERHOLTEN VERHALTENSWEISEN!

WARUM HETEROSEXUALITÄT NEU DENKEN?
Weil sie die BASIS des Patriarchats ist.
Sie bestimmt die sozialen Rollen von Frauen und Männern und begründet die männliche Herrschaft innerhalb des Paars.
Und eigentlich profitiert niemand von der fehlenden Gleichheit …
Die Liebe zu den Männern benachteiligt die Frauen seit Jahrhunderten.
Hindert sie oft daran, unabhängig und auf ihre Weise zu leben, um sich Normen anzupassen, bei denen Männer im Vorteil sind!
Okay, aber …
Durch die Liebe zu den Frauen verhalten sich Männer wie Besitzer, spielen den harten, unsensiblen, dominanten Kerl, was sie ebenfalls in einem sehr engen Geschlechterstereotyp einschließt!
In »Wir müssen die Liebe neu erfinden« erklärt Mona Chollet:
Paare, die die Geschlechterrollen und -stereotype starr befolgen, werden oft sehr unglücklich!
Unglücklich in der Liebe UND im Bett!
LIEBE
SEX
O Romeo, lass uns neue Szenarien der Verführung schaffen, in denen die Vergewaltigungskultur[1] der Zustimmungskultur weicht!
Oh ja, Julia, darf ich vorschlagen, dass wir uns jetzt gleich leidenschaftlich, aber respektvoll küssen?
Danach koche ich das Essen, während du Astrophysik studierst!
Inspiriert von Folge 06 von Victoire Tuaillons Podcast »Le Coeur sur la table«, Binge Audio.
[1] Siehe Definition auf den Seiten 42 und 237.

Die Liebe neu erfinden, schön und gut.
Das heterosexuelle Paar neu denken.
Aber wie?
In diesem Buch haben wir viele Themen angesprochen, an denen man arbeiten kann:
SEXISMUS
SEXUALITÄT
MUTTERSCHAFT
GESCHLECHT
GEWALT
MENTAL LOAD
All das sind Ansätze zur Neuausrichtig der Beziehung Frau-Mann.
Wir müssen sehr wachsam sein, um jede Phase der Beziehung neu zu denken.
Los!
Ich bin bereit, auch wenn das viel Arbeit und viel Infragestellen bedeutet!
Ein Grundgedanke ist, dass wir von homosexuellen Paaren, vor allem lesbischen, viel lernen können, weil sie dem Patriarchat weniger unterworfen sind.
Oh ja, ich habe den Eindruck, für viele Frauen bleibt Heterosexualität ein schmerzliches Problem!
Illana Weizman, feministische und antirassistische Aktivistin, Autorin
Alice Coffin, Journalistin, Autorin und feministische Aktivistin
Darum habe ich mal ein paar Ideen gesammelt.
Ich versuche, sie in meiner eigenen Beziehung umzusetzen.
Ganz ehrlich: Es ist schwer!
Deshalb hoffe ich, dieses und alle anderen Bücher zu dem Thema können zukünftigen Generationen helfen, neue, fairere Beziehungen zu führen!

IN BEZIEHUNGEN:

SCHLUSS MIT … / WIR WOLLEN …

KENNENLERNEN

BLÄST DU?

Schluss mit …

- peinlicher Anmache
- Belästigung
- Dick-Pics
- der Behandlung einer Person als Objekt
- Ghosting (= eine Beziehung beenden, indem man einfach verschwindet)

HELLO!

Wir wollen …

- offen und ehrlich miteinander sprechen
- direkt sagen, was man erwartet, wer man ist und was man sucht
- zuhören und uns für den/die andere*n interessieren
- den/die andere*n respektvoll behandeln

SEXUALITÄT

Schluss mit …

- Pornoszenarien erwarten
- nicht an die Befriedigung des/der anderen denken
- die Regeln der Zustimmung ignorieren
- dem Kult der Jungfräulichkeit

Wir wollen …

- an die Befriedigung des/der anderen genauso denken wie an die eigene
- Wünsche und sexuelle Praktiken offen ansprechen
- uns regelmäßig der Zustimmung des/der anderen versichern

ZUSAMMENLEBEN

Schluss mit …

- Geschlechterstereotype wiederholen: Der Mann arbeitet, die Frau kümmert sich um die Kinder
- häuslicher Gewalt
- der mentalen Last
- Angst vor Paartherapie
- der Armut von Frauen nach einer Trennung

Wir wollen …

- Hausarbeit und Kindererziehung gerecht aufteilen
- Vaterschaftsurlaub/Elternzeit verlängern (oder nehmen)
- kommunizieren und einander respektieren
- Herrschaftsbeziehungen vermeiden

BONUS

Neue, nicht-exclusive, -binäre oder -heteronormative Beziehungsformen erforschen: Dreierbeziehung, Mehrelternfamilie, offene Beziehung usw.

UND DANN …

KARRIERE

Den Partner*innen die Möglichkeit geben, ihre jeweilige Karriere zu verfolgen.

FREIHEIT

Jedem*r Partner*in die Freiheit lassen, sich als Individuum inner- und außerhalb der Beziehung zu entfalten.

ALT WERDEN

Gemeinsam (oder auch nicht) alt werden und Veränderungen am Körper des/der anderen annehmen, respektieren und lieben.

Lesen: Mona Chollet, »Wir müssen die Liebe neu erfinden: Wie das Patriarchat heterosexuelle Beziehungen sabotiert«, aus dem Französischen von Norma Cassau, DuMont, 2023.

GRL
PWR

Glossar

Um die Begriffe in diesem Buch besser zu verstehen.

agender
Person, die sich mit keinem Geschlecht identifiziert.

allosexuell
Person, die sexuelle Anziehung gegenüber anderen Menschen verspürt. Gegenteil von asexuell.

aromantisch
Person, die keine romantische Anziehung verspürt und sich nicht im herkömmlichen Sinn verliebt. Sie kann aber sexuelle Beziehungen führen und genießen!

asexuell
Person, die wenig oder keine sexuelle Anziehung gegenüber anderen Menschen verspürt. Sie kann aber romantische Beziehungen führen.

bigender
Person, die – gleichzeitig oder abwechselnd – zwei verschiedene Geschlechtsidentitäten hat.

bisexuell
Person, die Anziehung zu zwei oder mehr Geschlechtern verspürt.

Body Positivity
Soziale Bewegung für die Akzeptanz und Wertschätzung sämtlicher Körperformen.

cisgender
Person, deren Geschlechtsidentität mit dem Geschlecht übereinstimmt, das ihr bei der Geburt zugewiesen wurde.

Empowerment
Dt. »Ermächtigung«. Dieses Konzept umfasst Selbstakzeptanz, Selbstvertrauen, Selbstwert, Ambitionen und Macht. Es geht darum, Macht über das eigene Leben zu erlangen.

female gaze oder weiblicher Blick
Dieser Begriff aus der feministischen Filmtheorie beschreibt die weibliche Perspektive auf visuelle Kunst und betrachtet im Gegensatz zum ›male gaze‹ die Identitäten und Blickwinkel aller. Ziel ist ein realistisches Bild von weiblicher Darstellung in Filmen.

Feminazi
Karikaturistischer Begriff, mit dem Feminismusgegner*innen bestimmte Feminist*innen bezeichnen.

Feminismus
Soziale Bewegung für die Verbesserung und Ausweitung der Rolle und der Rechte von Frauen in der Gesellschaft und für Geschlechtergleichheit.

Femizid
Ermordung einer Frau oder eines Mädchens aufgrund der Tatsache, dass sie eine Frau ist. Oft verharmlosend »Beziehungstat« genannt.

Galanterie
Höfliches, ehrerbietiges Verhalten gegenüber Frauen (mit dem Ziel, ihnen zu gefallen oder sie zu verführen).

genderfluid
Person, deren Geschlecht situationsbezogen oder über einen gewissen Zeitraum zwischen verschiedenen Geschlechtsidentitäten wechselt.

Gendersensible Sprache
Geschlechtersensible Sprache hat das Ziel, alle Menschen gleichermaßen zu repräsentieren. Sie stellt das generische Maskulinum infrage, das nicht auf einer spontanen und natürlichen Sprachentwicklung beruht, sondern auf einer historischen, politischen und gesellschaftlichen Konstruktion.

Genitalverstümmelung
Verstümmelung in Form einer Abtrennung der Klitoris und manchmal der inneren Schamlippen, die bei einigen Gruppen an kleinen Mädchen vorgenommen wird. (In Deutschland ist diese Art von Beschneidung verboten und wird bestraft.)

Geschlechtergleichheit
Die Gleichstellung von Personen jeden Geschlechts. Alle sind gleichwertig und müssen gleich behandelt werden.

homosexuell
Person, deren Verlangen sich auf Personen desselben Geschlechts richtet.

Hysterie
Ehemals psychologische Diagnose für Frauen, deren Verhalten als »exzessiv, theatralisch und hypersensibel« wahrgenommen wurde.

Inklusion
Förderung und Unterstützung der Integration von Minderheiten, insbesondere sexueller, ethnischer oder geschlechtlicher Minderheiten.

intergeschlechtlich
Person, deren angeborene Geschlechtsmerkmale (auf der anatomischen, gonodalen oder chromosomalen Ebene) nicht den binären Definitionen männlicher oder weiblicher Körper entsprechen.

Intersektionalität
Zusammenwirken verschiedener Formen von Diskriminierung, unter denen eine Person leidet, zum Beispiel Rassismus, Sexismus, Ageismus, Diskriminierung hinsichtlich der Religionszugehörigkeit oder Ableismus. Dadurch ist die Person besonders stark benachteiligt.

Kapitalismus
Wirtschafts- und Gesellschaftsordnung, die auf Tauschhandel und Privateigentum beruht. Dadurch werden alle gedrängt, immer mehr Gewinn zu machen, was zu großer Ungleichheit zwischen Arm und Reich führt.

LGBTQIA+
Aus dem Englischen übernommene Abkürzung für lesbisch, schwul, bisexuell, trans*, queer, inter*, asexuell/aromantisch und alle weiteren Identitäten im queeren Spektrum.

male gaze oder männlicher Blick
Bezeichnet die Tatsache, dass die dominierende visuelle Kultur (Zeitschriften, Fotografie, Kino, Werbung, Videospiele, Comics usw.) dem Publikum die Perspektive eines heterosexuellen cis Mannes aufzwingt. Typisch dafür ist etwa die Tendenz, Frauen zu objektifizieren und zu sexualisieren.

Mansplaining
Situation, in der ein Mann einer Frau in paternalistischem oder herablassendem Ton etwas erklärt, was sie schon weiß.

Maskulinismus
Zeitgenössische Form des Antifeminismus, laut der Männer unter der »Verweiblichung« der Gesellschaft leiden.

mentale Last (Mental Load)
Psychische Belastung (insbesondere bei Frauen oder Menschen, die als Frauen wahrgenommen werden) durch die Organisation von (unter anderem) Hausarbeit und Kindererziehung, die zu physischer und vor allem psychischer Müdigkeit führt.

misgendern
Das Geschlecht einer Person aufgrund ihrer äußeren Erscheinung (Anatomie oder Kleidung) voraussetzen und sie mit dem falschen Pronomen ansprechen.

nichtbinär
Person, die sich weder als männlich oder weiblich bzw. als beides gleichzeitig identifiziert.

Ökofeminismus
Philosophische, ethische und politische Bewegungen, die feministische und ökologische Fragen verbinden und zwei Herrschaftsformen in Beziehung setzen: die Herrschaft der Männer über die Frauen und über die Natur.

pangender
Person, die sich mit allen Geschlechtern identifiziert, also mit allem und nichts zugleich.

pansexuell
Person, die sich emotional und/oder sexuell zu einer anderen Person hingezogen fühlt, unabhängig von deren Geschlecht oder Geschlechtsidentität.

Patriarchat
Gesellschaftsform, in der der Mann – und nicht die Frau – zu seinem eigenen Vorteil in den Bereichen Politik, Wirtschaft und Religion die Macht ausübt ebenso wie die dominante Rolle innerhalb der Familie.

Polyamorie
Beziehungsform, bei der die Partner*innen mit mehr als einer Person eine Liebesbeziehung führen, mit dem erklärten Einverständnis aller Beteiligten.

Queer
Bezeichnet eine politische Bewegung und/oder persönliche Identifikation. Der Begriff umfasst alle nicht normativen Formen von Geschlecht und Sexualität.

Schwesterlichkeit
Solidarität und Unterstützung unter Frauen. Weibliche Entsprechung zu »Brüderlichkeit«.

Sexismus
Diskriminierung hinsichtlich des Geschlechts.

sexueller Übergriff
Sexuelle Handlung an einer anderen Person ohne Penetration, aber unter Gewalt, Zwang, Drohung oder Überrumpelung.

Slutshaming
Die Stigmatisierung, Beschuldigung oder Beleidigung einer Frau, deren Verhalten oder Aussehen als »provokant« oder »zu offen sexuell« wahrgenommen wird.

transgender
Person, deren Geschlechtsidentität sich von ihrem zugewiesenen biologischen Geschlecht unterscheidet.

Vergewaltigung
Jeglicher Akt von Penetration (mit einem Körperteil oder einem Gegenstand), der an einem/einer anderen Person unter Gewalt, Zwang, Drohung oder Überrumpelung vollzogen wird.

Vergewaltigungskultur (Rape Culture)
Gesellschaftliches und mediales Umfeld, das Vergewaltigung kleinredet, belächelt, normalisiert oder sogar begünstigt.

MEHR ZUM THEMA

Im Internet:

- **Pinkstinks Germany**: Feministisches Magazin, Kampagnenbüro sowie Bildungsorganisation gegen Sexismus.

- **Kreatur**: Seriöse und gut dokumentierte Websendung zu feministischen Themen auf arte.tv.

- **Libres!**: Webserie, die das Bild der Frau und ihrer Sexualität in unserer Gesellschaft infrage stellt, von Ovidie und Sophie-Marie Larrouy, mit Zeichnungen von Diglee, in Koproduktion mit Arte.

- **Der Hase im Pfeffer**: Blog zur Auseinandersetzung mit patriarchalen Strukturen im Alltag, Empowerment und feministischen Medien.

- **feministischeslesen**: Leselisten und Blogbeiträge zu Büchern von Frauen und queeren Autor*innen. Betrachtet werden v. a. gesellschaftliche Themen wie Gender, Race und Ableismus.

- **The Distriqt**: Feministisches Informationsportal, das mit einer Mischung aus Bildung und Unterhaltung gesellschaftliche Haltungen hinterfragt. Wie können wir nachhaltiger, diverser und inklusiver leben?

- **LizzyNet**: Onlinemagazin mit angeschlossener Community für Mädchen und junge Frauen. Sie können hier selbst Beiträge verfassen und sich über aktuelle Themen informieren, die während des Erwachsenwerdens relevant sind.

- **Rabeneltern.org**: Forum, in dem Eltern mit verbreiteten Mythen zur Elternschaft aufräumen.

- **Equal Care Day**: Informationen und Ressourcen zu Equal Care und Mental Load, wie z. B. der Mental Load-Test für Familien oder Arbeitsteams, entwickelt von Aktivistin Jo Lücke (joluecke.de)

Serien:

- **Sex Education:** Schüler*innen entdecken Sexualität und Toleranz in einem ultrainklusiven England – ein Traum!
- **GLOW:** Eine Gruppe von Frauen emanzipiert sich durch Wrestling. Kitschig und befreiend!
- **Fleabag:** Eine erfolglose, sexbesessene junge Frau lernt, sich selbst zu lieben und zu verzeihen – superwitzig!
- **The Handmaid's Tale – Der Report der Magd:** In einer dystopischen Zukunft, in der Frauen unterdrückt und isoliert werden, wagt eine junge Frau zu rebellieren.
- **Unbreakable Kimmy Schmidt:** Die lustigen und irren Abenteuer von Kimmy Schmidt, die sich nach einem Trauma ein neues Leben aufbauen will.
- **Grace and Frankie:** Zwei Achtzigjährige zeigen, dass man dank Schwesternschaft in jedem Alter unabhängig werden und sich verwirklichen kann!
- **Explained: Sex:** Sehr gute Aufklärungsserie!
- **Nona und ihre Töchter:** Nona, eine überzeugte Feministin, Mutter von Drillingstöchtern und Sexualberaterin, wird mit 70 Jahren schwanger.
- **Plan Coeur – Der Liebesplan (Staffel 3):** Die Geschichte von drei Pariser Freundinnen über Schwesterlichkeit, Mutterschaft und die Weiterentwicklung von Alphamännchen.
- **Ziemlich beste Stiefmutter:** Die 25-jährige Prune verliebt sich in Francis, Mitte 40, und wird Stiefmutter, während ihre Freundinnen feiern gehen.
- **Buffy – Im Bann der Dämonen:** Die berühmte Vampirjägerin der 1990er-/2000er-Jahre, mit Küssen unter Mädchen!

Filme:

- **Thelma & Louise,** Ridley Scott, 1991.
- **Bombshell – Das Ende des Schweigens,** Jay Roach, 2019.
- **Die eine singt, die andere nicht,** Agnès Varda, 1977.
- **Die Herrschaft der Männer,** Patric Jean, 2009.
- **Quelle der Frauen,** Radu Mihaileanu, 2011.
- **Divines,** Houda Benyamina, 2016.
- **Mona Lisas Lächeln,** Mike Newell, 2003.
- **Jacky im Königreich der Frauen,** Riad Sattouf, 2014.
- **Suffragette – Taten statt Worte,** Sarah Gavron, 2015.
- **The Hours – Von Ewigkeit zu Ewigkeit,** Stephen Daldry, 2002.
- **Hidden Figures – Unerkannte Heldinnen,** Theodore Melfi, 2016.
- **Porträt einer jungen Frau in Flammen,** Céline Sciamma, 2019.
- **Mädchenbande,** Céline Sciamma, 2014.
- **Tomboy,** Céline Sciamma, 2011.
- **Water Lilies,** Céline Sciamma, 2007.
- **Booksmart,** Olivia Wilde, 2019.
- **Feministinnen: Was haben sie sich gedacht?,** Johanna Demetrakas, 2018.
- **Das Schmuckstück,** François Ozon, 2010.
- **Promising Young Woman,** Emerald Fennell, 2020.
- **Kein Mann für leichte Stunden,** Éléonore Pourriat, 2018.
- **Nanette,** Hannah Gadsby, 2018.
- **Glitter Room,** Katherine Ryan, 2019.

Podcasts:

- **Feminismus mit Vorsatz**, Podcast für Feminismus-Einsteiger*innen. Laura Vorsatz spricht mit Expert*innen über feministische Perspektiven.
- **Die Alltagsfeministinnen – Der Podcast für mehr Gleichberechtigung**, Ideen und Anregungen für den Alltag als Feminist*in mit gesellschaftlichen und politischen Hintergründen.
- **Der Lila Podcast – Feminismus für alle**, Feministische Analysen zu aktuellen Debatten und dem Weltgeschehen, bereits seit 2013.
- **Große Töchter**, Beatrice Frasl im Gespräch mit Frauen aus Wissenschaft, Kultur oder Politik.
- **Gyncast**, Gynäkologie-Podcast mit Chefärztin Prof. Dr. Mandy Mangler. Wissenschaftlich eingeordnet, klischeefrei und empowernd.
- **Fette Gedanken**, Körperaktivistin und Plus Size Model Charlotte Kuhrt über Body Positivity, Selbstliebe und Akzeptanz.

Englischsprachige Podcasts:

- **Unladylike**, feministischer Lifestyle-Podcast, der Themen von Politik bis Popkultur aus feministischer Sicht betrachtet und diskutiert.
- **Stuff Mom Never Told You**, forschungsbasierte Fragestellungen über die Auswirkungen des Feminismus auf das alltägliche Leben. Was bedeutet es zum Beispiel, sich als Frau zu identifizieren?
- **Safe Space**, Schwerpunkt LGBTQ+, gibt den Stimmlosen eine Stimme und teilt queere Geschichten, Nachrichten und Anekdoten.

Zeitschriften:

- **Missy Magazin**, Zeitschrift für unabhängigen feministischen Journalismus.
- **Feministische Studien. Zeitschrift für interdisziplinäre Frauen- und Geschlechterforschung**, Beiträge und Impulse zur kritischen Auseinandersetzung mit aktuellen gesellschaftlichen Veränderungen.

Comics:

- **Anaïs Nin, Im Meer der Lügen,** Léonie Bischoff, aus dem Französischen von Désirée Schneider, Splitter Verlag, 2022.
- **Busengewunder & Der Zeitraum,** Lisa Frühbeis, Carlsen, 2020 & 2023.
- **Ein anderer Blick,** Emma, aus dem Französischen von Julia Schäfermeyer, Unrast Verlag, 2022.
- **In der Haut eines Mannes,** Hubert und Zanzim, aus dem Französischen von Ulrich Pröfrock, Reprodukt, 2022.
- **Kiki de Montparnasse,** aus dem Französischen von Hans Kantereit (Carlsen, 2011).
- **Die Frau ist frei geboren - Olympe de Gouges,** aus dem Französischen von Resel Rebiersch (Splitter Verlag, 2013) und Joséphine Baker (Casterman, 2016), Catel & Bocquet.
- **Lesbenläufe** und andere Comics von Alison Bechdel, aus dem Amerikanischen von Birgit Müller, Daphne, 1991.
- **Persepolis,** aus dem Französischen von Stephan Pörtner (Edition Moderne, 2004) und **Sticheleien,** aus dem Französischen von Martin Budde (Edition Moderne, 2005), beide von Marjane Satrapi.
- **Das Problem mit den Frauen,** Jacky Fleming, aus dem Englischen von Silke Pfeiffer, Kiepenheuer & Witsch, 2017.
- **Unerschrocken: fünfzehn Porträts außergewöhnlicher Frauen,** Pénélope Bagieu, aus dem Französischen von Claudia Sandberg und Heike Drescher, Reprodukt, 2019.
- **Der Ursprung der Welt & Der Ursprung der Liebe,** Liv Strömquist, aus dem Schwedischen von Katharina Erben, avant-verlag, 2018.

Englischsprachige Comics:

- **Bitch Planet**, Kelly Sue DeConnick und Valentine De Landro, Image Comics, 2015.
- **The Mental Load: A Feminist Comic**, Emma, Seven Stories Press, 2018.

Bücher:

- **Ain't I a Woman: Schwarze Frauen und Feminismus**, aus dem Amerikanischen von Helene Albers, Unrast, 2023 und **Feminismus für alle**, aus dem Amerikanischen von Margarita Ruppel, Unrast, 2021, beide von Bell Hooks.
- **Das andere Geschlecht**, Simone de Beauvoir, aus dem Französischen von Uli Aumüller und Grete Osterwald, Rowohlt, 2000 (Neuausgabe).
- **Aufbruch: wie die Hoffnung auf ein gerechteres Miteinander mein Leben bestimmt**, Gloria Steinem, aus dem Amerikanischen von Eva Bonné, btb, 2019.
- **Body Politics**, Melodie Michelberger, Rowohlt, 2021.
- **Das Unwohlsein der modernen Mutter**, Mareice Kaiser, Rowohlt, 2021.
- **Dekolonialer Feminismus**, aus dem Französischen von Esther von der Osten, Passagen, 2020 und **The Wombs of Women**, ins Englische übersetzt von Kaiama L. Glover, DUKE UNIV PR, 2020, beide von Françoise Vergès.
- **Die Gabe**, Naomi Alderman, aus dem Englischen von Sabine Thiele, Heyne, 2018.
- **Hexen: Die unbesiegte Macht der Frauen**, aus dem Französischen von Birgit Althaler, Nautilus, 2020.
- **Wir müssen die Liebe neu erfinden: Wie das Patriarchat heterosexuelle Beziehungen sabotiert**, aus dem Französischen von Norma Cassau, DuMont, 2023.

- **Islamische Feminismen**, Zahra Ali, aus dem Französischen von Christian Leitner, Passagen Verlag, 2014.
- **King Kong Theorie**, Virginie Despentes, aus dem Französischen von Barbara Heber-Schärer und Claudia Steinitz, Kiepenheuer & Witsch, 2018.
- **Mehr Feminismus!** (Fischer Taschenbuch, 2016); **Americanah** (S. Fischer, 2014); **Liebe Ijeawele** (Fischer Taschenbuch, 2017), von Chimamanda Ngozi Adichie, aus dem Englischen von Anette Grube.
- **Ödipus' Schwester. Zorniges zur Macht der Männer über Frauen**, Benoîte Groult, aus dem Französischen von Marita Heinz, Knaur, 1985.
- **Gleiche unter Gleichen. Männer zur Frauenfrage**, aus dem Französischen von Gabriele Krüger-Wirrer, Knaur, 1995.
- **Die Vagina-Monologe**, Eve Ensler, aus dem Amerikanischen von Peter Staatsmann und Bettina Schültke, Nautius, 2000.
- **Der Weiblichkeitswahn oder Die Selbstbefreiung der Frau**, Betty Friedan, aus dem Amerikanischen von Margaret Carroux, Rowohlt, 1970.
- **Ein Zimmer für sich allein**, aus dem Englischen von Christel Kröning, Anaconda, 2020 (erschienen 1929) und **Orlando – eine Biographie**, aus dem Englischen von Marion Herbert, Anaconda, 2014 (erschienen 1928), beide von Virginia Woolf.
- **Unverblümt! Klare Fakten zu Sex und Aufklärung**, Myriam Daguzan Bernier, aus dem Französischen von Maren Illinger, Fischer Sauerländer, 2020.

DANKSAGUNG

Ganz besonders danke ich:

Duncan, weil er mich während dieses gesamten Projekts ermutigt, unterstützt, gegengelesen, übersetzt, beraten, bestärkt, begleitet, bekocht und angehört hat.

Nathalie für ihre Unterstützung, ihre Liebenswürdigkeit und ihre durch und durch positive Einstellung, meiner Mutter für ihre Anmerkungen, Lucie, weil sie diesem Projekt als Erste eine Chance gegeben hat, Sarah, Marine, Maïté, Nathaniel, Harmonie, Laure und allen meinen Lieben, die mich ermutigt haben, dieses irre Projekt durchzuziehen!

Ich widme dieses Buch auch meiner Tochter Odessa, die in der Mitte dieses Abenteuers geboren wurde und durch die ich die Mutterschaft und alle damit einhergehenden feministischen Kämpfe kennenlernen durfte!

Der Buchtitel *Feminists in Progress* stammt von Angèle, aus dem Clip »Balance ton quoi«, der 2018 unter der Regie von Charlotte Abramow entstand.

Ihr findet mich auch auf Instagram @laurainemeyer

UND JETZT …

… seid ihr dran!

MIX
Papier | Fördert gute Waldnutzung
FSC® C002795

Mit Fragen zur Produktsicherheit wenden Sie sich bitte an:
carlsen.de/kontakt

Völckersstraße 14–20 · 22765 Hamburg
Aus dem Französischen von Marion Herbert

Redaktion: Annina Brell und Jasmin Männel
Handlettering: Olav Korth
Satz und Bildbearbeitung: Minou Zaribaf
Produktionsmanagement: Bettina Oguamanam

ISBN 978-3-551-72650-6

BLEIBEN!
GRL PWR
Alle vereint
PUNKT G
Spieglein, Spieglein ...
OK?
SORRY!
RUHIG BLEIBEN!
BANK ANRUFEN
Tanz-Kurs 14 Uhr
LOVE U!
nicht heute Abend
bla bla bla
ME TOO
#ME TOO
you
me